Philip Meier

Interne Kommunikation im Unternehmen

Philip Meier

Interne Kommunikation im Unternehmen

Von der Hauszeitung bis zum Intranet

orell füssli Verlag AG

Umschlaggestaltung: cosmic Werbeagentur, Bern
Umschlagabbildung: David Oliver (Stone)
Druck: fgb • freiburger graphische betriebe
Printed in Germany
ISBN 3-280-02693-8

Die Deutsche Bibliothek – CIP-Einheitsaufnahme

Meier, Philip:
Interne Kommunikation im Unternehmen:
Von der Hauszeitung bis zum Intranet / Philip Meier. : Orell Füssli, 2002
Zugl.: Zürich, Univ., Diss., 2000
ISBN 3-280-02693-8

Inhalt

Vorwort

Unternehmerisches Handeln ist ohne Interne Kommunikation undenkbar. Um die verschiedenen Tätigkeiten innerhalb eines Unternehmens auf ein gemeinsames Ziel auszurichten, muss ein erheblicher Informations- und Kommunikationsaufwand betrieben werden. Doch obwohl sich diese Erkenntnis auf breiter Basis etabliert hat, fehlen in der Praxis konkrete Anstrengungen zur Verbesserung der Internen Kommunikation. Auch fehlt bislang eine repräsentative, wissenschaftlich fundierte Untersuchung, die den aktuellen Stand der Internen Kommunikation großer Unternehmen aufzeigt.

Um diese Lücke zu schließen, entschloss ich mich zur Erarbeitung des vorliegenden Buches.

Es beruht auf meiner im Juni 2000 angenommenen Dissertation und beinhaltet neben dem aktuellen theoretischen Erkenntnisstand die Ergebnisse einer repräsentativen Untersuchung zur Organisation und Sprache der Internen Kommunikation. Es zeigt auf, wie sich die Vermittlung von Informationen und die Führung des Dialogs zwischen der Unternehmensleitung und den Mitarbeiterinnen und Mitarbeitern gestaltet und welche Aufgaben dabei von welchen verantwortlichen Stellen mittels welcher Medien wahrgenommen werden. Zudem liefert es einen kritischen Einblick in konkrete sprachliche Erzeugnisse von Unternehmen. Das Buch deckt einen akuten Handlungsbedarf sowohl auf organisatorischer wie auf sprachlicher Ebene auf und liefert eine Vielzahl möglicher Verbesserungsmaßnahmen.

Den Personen, welche mich unterstützten und zum Gelingen der vorliegenden Arbeit beitrugen, danke ich an dieser Stelle herzlich. Auf universitärer Seite sind dies Herr Prof. Dr. Harald Burger und Frau PD Dr. Ulla Kleinberger Günther, auf Verlagsseite Herr Dr. Manfred Hiefner Hug und Herr Bernd Zocher sowie auf Marktforschungsseite Herr Dr. Mauro Frech, Frau Aran Diaz sowie Herr Josef Sütterlin.

Zudem danke ich denjenigen Personen, die mich in meinem persönlichen wie beruflichen Werdegang stets gefördert und inspiriert haben, so meinen Eltern Irène und Georg Meier, meinem Bruder Dr. Eric Meier, meinem Onkel Roger Besson sowie meinen Freundinnen und Freunden Nicole Uckert, Monika Müller, Kathrin Fausch, David und Gabriel Spühler, Dr. Heinz Kubli, Michael Koschak, Christopher Schmidt, Dott. Francesco Tarabini, Sadi Brügger, Roman Busch, Lukas Kuttler und Dr. Thomas Hügi.

Zürich, im November 2001 *Philip Meier*

Einleitung

Zu Beginn des dritten Jahrtausends sehen sich Unternehmen mit dynamischen Veränderungen in Wirtschaft und Gesellschaft konfrontiert. Auf der einen Seite erfordern die Globalisierung der Märkte, steigender Wettbewerbsdruck und neue Technologien schnelles und flexibles unternehmerisches Handeln. Auf der anderen Seite üben gesellschaftliche Veränderungen, wie der Wunsch nach Selbstbestimmung, Partizipation und Persönlichkeitsentfaltung einen starken Einfluss auf Unternehmen aus. Diese Veränderungen zwingen Unternehmen, die Gestaltung ihrer sprachlichen Austauschprozesse mit Kundschaft, Aktionariat, Medien- und Interessenvertretern sowie Mitarbeiterinnen und Mitarbeitern kritisch zu überprüfen und den sich wechselnden Rahmenbedingungen anzupassen. Sprache und Kommunikation werden innerhalb des beruflichen Handelns immer bedeutsamer.

Diese Erkenntnis hat sich inzwischen in Wissenschaft und Praxis etabliert, und Interne Kommunikation von Unternehmen ist seit geraumer Zeit Untersuchungsgegenstand verschiedener Forschungsrichtungen. Wissenschaftlerinnen und Wissenschaftler der Betriebswirtschaft, Soziologie, Psychologie, Publizistik und Informatik haben sich in den letzten Jahren eingehend mit verschiedenen Aspekten der Internen Kommunikation von Unternehmen beschäftigt und eine Vielzahl von Publikationen herausgegeben. Auch ist in den letzten Jahren eine stärkere Beschäftigung der Linguistik mit sprachlichen Phänomenen in Unternehmen festzustellen. Schwerpunktthemen sind dabei die sprachliche Aus- und Weiterbildung (z. B. Gesprächs- und Textverfassungstrainings), technische Dokumentation (z. B. Benutzerhandbücher und Anleitungen) sowie die interkulturelle Kommunikation (Hilfestellung bei der Überwindung kultureller Sprachbarrieren).

Aber es existierte bislang keine Arbeit, die Interne Kommunikation von Unternehmen ganzheitlich, also sowohl von betriebswirtschaftlicher wie auch von sprachlicher Seite untersucht und beschreibt. Diesem Defizit wirkt das folgende Buch entgegen. Es beschreibt sowohl organisatorische wie auch sprachliche Aspekte der Internen Kommunikation.

Die Darstellung der Internen Kommunikation erfolgt dabei praxisbezogen und lösungsorientiert. Das ergibt sich aus einer Vielzahl konkreter Beispiele, die aus persönlichen Gesprächen mit Kommunikationsverantwortlichen sowie aus der Literatur gewonnen wurden. Auch wird konkreten Lösungsvorschlägen und Verbesserungsmaßnahmen, die von Kommunikationsverantwortlichen aufgenommen und umgesetzt werden können, ein großer Stellenwert eingeräumt.

Zudem erfolgt die Darstellung der Internen Kommunikation integriert und ganzheitlich. Es werden nicht nur wenige, ausgewählte Aspekte exemplarisch dargestellt, sondern auf der Basis des heutigen Erkenntnisstandes wird ein umfassender Überblick der Internen Kommunikation von Unternehmen vermittelt. Vertiefungen können nur bei einzelnen Hauptthemen vorgenommen.

Im ersten Teil des Buches wird das Untersuchungsgebiet theoretisch fundiert und begrifflich definiert. Nach der Darstellung der spezifischen Merkmale und der Bedeutung der Internen Kommunikation wird auf ihre Aufgaben, Verantwortlichkeiten und internen Medien eingegangen. Weiter werden mögliche Störungen der Internen Kommunikation beschrieben sowie ihre zusätzlichen Aufgaben bei Ausnahmesituationen erläutert.

Im zweiten Teil werden die Ergebnisse einer telefonischen Befragung von Kommunikationsverantwortlichen großer Unternehmen zur Organisation der Internen Kommunikation vorgestellt. Zudem werden die Ergebnisse einer textlinguistischen Analyse von Mitarbeiterzeitschriften-Editorials zur Sprache der Internen Kommunikation präsentiert. Die Ergebnisse beider Untersuchungsteile werden miteinander in Beziehung gebracht und mit den theoretischen Erkenntnissen sowie mit anderen Untersuchungen kontrastiert.

Im dritten, abschließenden Teil wird detailliert auf verschiedene Verbesserungsmaßnahmen der Internen Kommunikation eingegangen. Es werden sowohl organisatorische wie sprachliche Einzelverbesserungsmaßnahmen vorgestellt. Zudem wird ein Konzept zur unternehmensweiten und bereichsübergreifenden Verbesserung der Internen Kommunikation großer Unternehmen präsentiert.

Die Ergebnisse machen deutlich, dass es im Bereich der Internen Kommunikation viel Handlungsbedarf gibt. Interne Kommunikation wird weitaus positiver beurteilt, als sie in Wirklichkeit umgesetzt wird, und Interne Kommunikation wird bislang kaum als strategischer Wettbewerbsfaktor eingesetzt.

I. Was genau ist Interne Kommunikation?

In diesem Teil geht es um die Darstellung des aktuellen Erkenntnisstandes der Internen Kommunikation grosser Unternehmen. Es wird auf das Besondere der Internen Kommunikation eingegangen sowie ein umfassender Überblick zur Bedeutung, den Aufgaben, Verantwortlichkeiten und Medien der Internen Kommunikation vermittelt. Zudem wird aufgezeigt, wo Störungen auftreten können und welche Zusatzaufgaben die Interne Kommunikation in Ausnahmesituationen wahrnehmen muss. Um Missverständnisse und Fehlinterpretationen zu vermeiden, werden vorab die in diesem Buch verwendeten, zentralen Begriffe erläutert.

Unternehmenskommunikation

Trotz häufiger Verwendung des Begriffes Unternehmenskommunikation in betriebswirtschaftlicher und kommunikationswissenschaftlicher Literatur fehlt meist eine klare Definition, und oft wird er ungenau, oberflächlich und alltagssprachlich im Sinne von «Kommunikation von Unternehmen» verwendet. Der Begriff soll daher für diese Arbeit klar umrissen und wie folgt definiert werden:

> Unternehmenskommunikation bezeichnet die Gesamtheit aller Kommunikationsinstrumente und -maßnahmen eines Unternehmens, die eingesetzt wer-

den, um das Unternehmen und seine Leistungen bei den relevanten Zielgruppen darzustellen.

Die Unternehmenskommunikation beinhaltet sowohl die Interne Kommunikation als auch die verschiedenen Kommunikationsinstrumente der externen Kommunikation (klassische Werbung, Public Relations, Verkaufsförderung, Direktmarketing, Eventkommunikation, Messekommunikation und Sponsoring). Interne und externe Kommunikation sollten in einem Unternehmensbereich zusammengefasst und unter eine gemeinsame Leitung gestellt sein (siehe Grafik auf Seite 16).

Unternehmenskommunikation

Unternehmenskommunikation							
Interne Kommunikation	Externe Kommunikation						
	Public Relations	Klassische Werbung	Verkaufsförderung	Direktmarketing	Eventkommunikation	Messekommunikation	Sponsoring
Mitarbeiterzeitschrift, Veranstaltungen usw.	*Öffentlichkeitsarbeit, Lobbying usw.*	*TV-Spot, Anzeige, Plakat usw.*	*Promotionen, Point-of-Sale usw.*	*Directmailing, Internet usw.*	*Programmgestaltung, Einladungen usw.*	*Messebau, Einladungen usw.*	*Kultur- und Sportsponsoring usw.*

Vor einigen Jahren erkannte man, dass nicht das Nebeneinander der Instrumente, sondern vielmehr ihr perfektes Zusammenspiel den Kommunikationserfolg eines Unternehmens bestimmt. Die verschiedenen Einzelteile sollten zu einem Ganzen zusammengefügt sein und eine integrierte Unternehmenskommunikation schaffen.

Mit integrierter Unternehmenskommunikation oder integrierter Kommunikation wird ein Prozess der Planung und Organisation verstanden, der darauf ausgerichtet ist, aus den unterschiedlichen Maßnahmen der Internen und externen Kommunikation eine Einheit herzustellen. Die integrierte Kommunikation fasst die verschiedenen Instrumente unter einer strategischen Führung zusammen, um sie bei übergreifenden Aufgaben besser aufeinander abstimmen zu können und dadurch ein einheitliches Unternehmensbild zu schaffen. Durch den organisatorischen Zusammenschluss und die inhaltliche, formale und zeitliche Integration der Kommunikationsinstrumente können Synergiewirkungen erzielt und Reibungsverluste, die durch Parallelkommunikation entstehen, vermieden werden.

Interne Kommunikation

In der Theorie existiert eine Vielzahl unterschiedlicher Begriffe zur Bezeichnung von Kommunikationsstrukturen und -prozessen in Unternehmen, wie zum Beispiel betriebliche Kommunikation, organisationale Kommunikation, Mitarbeiterkommunikation, innerbetriebliche Kommunikation, Betriebskommunikation, Interne Kommunikation, unternehmensinterne Öffentlichkeitsarbeit, Internal Relations und Internes Marketing. Interne Kommunikation wird in diesem Buch wie folgt definiert:

> Interne Kommunikation ist ein Instrument der Unternehmenskommunikation, welches mittels klar definierter, regelmäßig oder nach Bedarf eingesetzter und kontrollierter Medien die Vermittlung von Informationen sowie die Führung des Dialoges zwischen der Unternehmensleitung und den Mitarbeiterinnen und Mitarbeitern sicherstellt.

Interne Kommunikation nimmt als Instrument der Unternehmenskommunikation deren übergeordnete Ziele wahr und muss mit den Instrumenten der externen Kommunikation abgestimmt werden. Die Umsetzung der Internen Kommunikation erfolgt durch den Einsatz interner Medien, welche die Vermittlung von Informationen und die Führung des Dialoges zwischen der Unternehmensleitung und den Mitarbeiterinnen und Mitarbeitern sicherstellen. Informationen werden dabei als Nachrichten, die etwas Neues mitteilen, Wissen vermehren, Nichtwissen oder Ungewissheit beseitigen sowie Lernen und sofortige oder spätere, dauerhafte Verhaltensveränderung bewirken, verstanden. Informationen können als zweckorientiertes Wissen bezeichnet werden. Der Dialog wird nicht in seiner engen Bedeutung als Wechselrede oder Zwiegespräch, sondern in seiner weiteren Bedeutung als thematisch oder situativ bestimmter, partnerbezogener Austausch von Äußerungen verstanden. Mindestens zwei Personen oder Personengruppen haben das Ziel, Unterschiede an Erfahrung, Kenntnissen und Fähigkeiten abzubauen. Frage und Antwort sind die Keimzellen des Dialogs.

Zielgruppen der Internen Kommunikation sind ehemalige und aktuelle Mitarbeiterinnen und Mitarbeiter aller hierarchischen Ebenen. Demgegenüber wendet sich die externe Kommunikation mit den Kommunikationsinstrumenten klassische Werbung, Public Relations, Verkaufsförderung, Direktmarketing, Eventmarketing, Messekommunikation und Sponsoring an externe Zielgruppen (darunter auch Aktionariat und Presse).

Interne Kommunikation wird hier nicht als die Gesamtheit individueller Strategien der Mitarbeiterinnen und Mitarbeiter bei der Informationsbeschaffung und -weitergabe sowie bei der Führung des Dialoges zwischen ihnen verstanden. Hier interessiert nicht, wer wie oft mit wem formal oder informal kommuniziert oder woher subjektiv als notwendig erachtete Informationen bezogen werden. Vielmehr steht die institutionalisierte und mediatisierte Vermittlung von Nachrichten sowie der partnerbezogene Austausch von Äußerungen zwischen der Unternehmensleitung und den Mitarbeiterinnen und Mitarbeitern über betriebliche Vorgänge, unternehmenspolitische Zielsetzungen, arbeitsplatzübergreifende Entscheidungen, branchenspezifische und wirtschaftliche Entwicklungen als auch sozialpolitische Zusammenhänge im Zentrum der Betrachtung.

Organisation und Sprache der Internen Kommunikation

Interne Kommunikation kann sowohl auf organisatorischer wie auch auf sprachlicher Ebene betrachtet und beschrieben werden. Als Organisation bezeichnet man in der allgemeinen Betriebswirtschaftslehre alle Regelungen, die ein zielgerichtetes Handeln der Mitarbeiterinnen und Mitarbeiter eines Unternehmens sichern. Man unterscheidet dabei zwischen der Aufbau- und Ablauforganisation eines Unternehmens. Die Elemente der Aufbauorganisation sind die zu erfüllenden Aufgaben, die verantwortlichen Stellen sowie die einzusetzenden Sachmittel. Zweck der Aufbauorganisation ist es, die einzelnen Aufgaben den entsprechenden Stellen zuzuordnen und diese in einen Beziehungszusammenhang zu bringen (Strukturorganisation).

Die Ablauforganisation erweitert den Gesichtspunkt der Aufbauorganisation um die Dimensionen Raum, Zeit und Menge und regelt, wo, wann und wie oft die Elemente der Aufbauorganisation eingesetzt werden. Gegenstand der Ablauforganisation ist die Gestaltung des zeitlichen, räumlichen und mengenmäßigen Verlaufes der Arbeits- und Kommunikationsprozesse (Prozessorganisation). Als Organisation der Internen Kommunikation werden daher die Aufgaben, Verantwortlichkeiten und eingesetzten Medien sowie ihre Beziehungen zueinander verstanden.

Interne Kommunikation kann aber auch auf einer sprachlichen Ebene betrachtet werden. Grundlegend ist dabei die Erkenntnis, dass mit mündlichen oder schriftlichen Äußerungen versucht wird, in einer bestimmten Weise auf das Gegenüber einzuwirken. Im Unterschied zu automatisch ablaufendem Verhalten (Atmen, Gähnen usw.) ist sprachliches Handeln eine zielgerichtete Tätigkeit, so genannt intentionales Handeln. Zudem sind sprachliche Handlungen konventionell, d. h. sie werden innerhalb der Sprachgemeinschaft nach Regeln vollzogen, welche die einzelnen Sprachteilhaber in ihrem Sozialisationsprozess erlernt haben. Nur aufgrund dieser konventionell geltenden Regeln und Bedingungen kann der Empfänger einer mündlichen oder schriftlichen Äußerung die vom Sender erstrebte Verstehensweise (Behauptung, Frage, Befehl usw.) herausfinden. Die Formen der sprachlichen Handlungen (auch Sprechhandlungen oder Sprechakte) sind in der von J. L. Austin und J. R. Searle begründeten Sprechakttheorie beschrieben worden.

Das Besondere der Internen Kommunikation

Interne Kommunikation wird im Vergleich zur Alltagskommunikation durch eine Vielzahl von Faktoren beeinflusst, die in der Organisation von Unternehmen begründet sind. So sind erhebliche Anteile der internen Kommunikationsprozesse formell vorgeschrieben, dauerhaft und personenunabhängig geregelt. Sie ergeben sich aufgrund repetitiver Arbeitsabläufe und sind bezüglich Zeitpunkt, Personenkreis, Kommunikationsweg sowie Inhalt klar definiert und vorgegeben. Im Gegensatz zur Kommunikation im privaten Bereich sind Menschen in Unternehmen weniger frei in der Wahl ihrer Kommunikationspartner, zum Teil sogar gezwungen, mit bestimmten Personen in Kontakt zu treten, die sie im privaten Bereich meiden würden. Die wichtigsten Unterschiede gegenüber der Alltagskommunikation liegen in der hierarchischen Position der Kommunikationspartner sowie in der Fachsprache.

Hierarchische Positionen

Aufgrund unterschiedlicher hierarchischer Positionen können höher gestellte Kommunikationsteilnehmer die führende oder übergeordnete Position einnehmen und die niedriger gestellten Mitarbeiter in eine untergeordnete Position zwingen.

Den hierarchisch höher Gestellten stehen dabei vielerlei Möglichkeiten zur Steuerung der Kommunikation zur Verfügung. Vorgesetzte können Mitarbeiterinnen und Mitarbeitern wichtige Informationen vorenthalten, Informationen verdrehen oder sie mit Informationen überhäufen. In der Praxis zeigt sich, dass viele Führungskräfte Informationen noch immer als Machtmittel ansehen und dementsprechend einsetzen. Vorgesetzte benutzen die Informationsweitergabe noch immer in großem Umfang strategisch-manipulativ.

Im Weiteren können Ranghöhere in der Regel Ort, Zeitpunkt und die am Gespräch teilnehmenden Personen festlegen, die rangniederen Personen im Vorzimmer warten lassen oder das Gespräch kurzfristig absagen.

Aber auch während des Gesprächs können hierarchisch höher gestellte Personen mehr Einfluss ausüben. So bestimmen sie generell die Sprechfolge, können mehr Gesprächsbeiträge einbringen und ihren Beiträgen mehr Nachdruck verleihen. Auch können sie leichter eine Sitzung beenden, wenn sie es für richtig halten. Diese Mechanismen wirken mehr oder weniger in allen Kommunikationssituationen zwischen Vorgesetzten und Angestellten, also auch dort, wo man wie in vielen Gruppengesprächen einen ausgeglichenen Dialog anstrebt.

Neben diesen Abhängigkeitsverhältnissen zwischen hierarchisch unterschiedlich gestellten Mitarbeiterinnen und Mitarbeitern treten auch zwischen hierarchisch Gleichgestellten Abhängigkeiten auf. Durch das Bestreben an der Aufrechterhaltung guter Beziehungen bildet sich in Unternehmen ein Netz wechselseitiger Verpflichtungen und Abhängigkeiten, die ihre Auswirkungen auf die Kommunikation nicht verfehlen. Denn zur Durchsetzung von Interessen bedarf es meist der Mitwirkung anderer. Um diese Beziehungen nicht zu gefährden, greifen die Kommunikationsteilnehmer daher besonders bei potenziell konfliktträchtigen Themen häufig zum Mittel der sprachlichen Mehrdeutigkeit. Dabei werden Aussagen bewusst so formuliert, dass unterschiedliche Ansichten und Vorstellungen nebeneinander Platz finden. Durch diese Unbestimmtheit oder Ungenauigkeit wird einerseits Raum für unterschiedliche Interpretationen des Gesagten eröffnet und gleichzeitig die Illusion von Übereinstimmung aufrechterhalten.

Fachsprache

Ein weiteres Merkmal der Internen Kommunikation ist die Fachsprache, die der genaueren und schnelleren Verständigung dienen soll und die sich durch Explizitheit, Standardisierung und Formalisierung kennzeichnet. In der Erforschung der Fachsprachen konzentrierte man sich lange auf die Fachtermini sowie die spezifischen Merkmale von Fachtexten. Erst Anfang der achtziger Jahre erkannte man, dass die Fachsprache nicht bloß durch die in einem Fach übliche Terminologie geprägt ist, sondern dass das sprachliche Handeln von Fachleuten vielmehr durch Merkmale ihrer beruflichen Tätigkeit, ihr Handeln als Professionelle bestimmt ist. Erst durch die Verbindung und Verknüpfung von Fachwissen mit Sprachwissen entsteht Fachkommunikation. Dabei können drei Formen von Fachkommunikation unterschieden werden:

- Kommunikation zwischen Fachleuten desselben Fachs;
- Kommunikation zwischen Fachleuten unterschiedlicher Fächer;
- Kommunikation zwischen Fachleuten und Laien.

Von diesen drei Formen ist die Kommunikation zwischen Fachleuten desselben Fachs in der Forschung stets als der prototypische Fall fachsprachlicher Kommunikation betrachtet worden. Hierzu gehören beispielsweise Dienstbesprechungen oder Arbeitsgespräche zum Zweck der Planung und Koordination von Arbeitstätigkeiten.

Bei der Kommunikation zwischen Fachleuten verschiedener Fächer sind die Themen zwar fachlich bezogen, doch können sie sich weder eines gemeinsamen fachlichen Wissens noch einer gemeinsamen Terminologie bedienen. Zu dieser Gruppe zählen beispielsweise Podiumsdiskussionen mit Vertretern verschiedener Fachrichtungen, interdisziplinäre Arbeitsgespräche oder Anhörung eines Sachverständigen im Betriebsrat.

Der dritte Konstellationstyp, Kommunikation zwischen Fachleuten und Laien, ist ähnlich wie der zweite durch eine ungleiche Beziehung der Kommunikationsteilnehmer gekennzeichnet: Der eine besitzt einen Expertenstatus, der andere nicht. Zu dieser Gruppe gehören beispielsweise Expertenbefragungen, Vorträge oder Produktvorstellungen vor einem Laienpublikum. Auch wenn der Experte die Fachterminologie kontrolliert, reduziert sowie durch umgangssprachliche Paraphrasen oder Erklärungen ergänzt und unterstützt, können in dieser Konstellation eine Fülle von Kommunikationskonflikten entstehen. Die Konflikte entstehen dabei nicht nur, weil beide Gruppen nicht über die jeweilige Fachkompetenz verfügen, sondern weil sie für die Übermittlung der Nachricht keinen gemeinsamen sprachlichen Kode besitzen.

Wenn die Fachkommunikation insgesamt gesehen zur genaueren und schnelleren Kommunikation dienen kann, so sind mit ihrem Gebrauch auch eine Reihe von Konfliktmöglichkeiten gegeben, die erkannt und durch Maßnahmen der Internen Kommunikation verringert werden müssen.

Bedeutung der Internen Kommunikation

Der Internen Kommunikation von Unternehmen wird sowohl in der Literatur wie auch in der Praxis eine große Bedeutung beigemessen. Sie gilt als Schlüsselkompetenz, als Grundvoraussetzung und Lebensnerv für das Funktionieren jedes Unternehmens. So erachten beispielsweise 29 von 40 befragten Führungskräften des deutschen Automobilunternehmens AUDI Interne Kommunikation als sehr bedeutend, wichtig, notwendig und unverzichtbar. In der Theorie und Praxis wird ihre Bedeutung sowohl in der Wirkung auf die Mitarbeiterinnen und Mitarbeiter (Innenwirkung), in der Wirkung auf externe Zielgruppen wie bestehende und potenzielle Kundschaft, Geschäftspartner sowie Aktionariat (Außenwirkung) als auch in der Verringerung der Kommunikationsaufwendungen (Kostenwirkung) gesehen (siehe Grafik auf Seite 25).

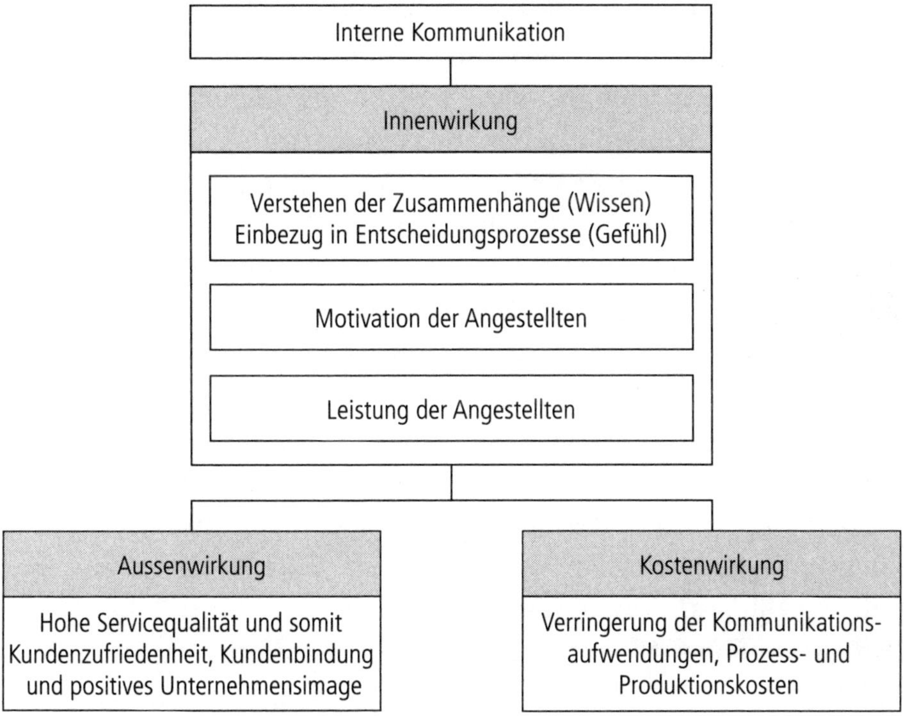

Innenwirkung

Die Bereitschaft der Mitarbeiterinnen und Mitarbeiter, sich für das Unternehmen zu engagieren, ist eine wesentliche Voraussetzung für den Unternehmenserfolg. Dies wiederum setzt voraus, dass sie die Unternehmensziele kennen und sie auch verstehen. Die einzelnen Maßnahmen und Schritte zur Erreichung dieser Ziele müssen ihnen rechtzeitig und umfassend vermittelt werden, sodass sie die Zusammenhänge erkennen und sich ein Bild von der Notwendigkeit ihrer Umsetzung machen können.

Mitarbeiterinnen und Mitarbeiter können sich nur dann entfalten, wenn sie die immer komplexer werdenden Zusammenhänge und Abläufe im Unternehmen verstehen und ihre Arbeit in den Gesamtablauf integrieren können. Dieses Wissen hilft ihnen, eine Arbeit leichter, schneller und mit mehr Durchblick zu erledigen. Sie können rascher auf Veränderungen der Arbeitsbedingungen reagieren, werden zum Mitdenken angeregt und in die Mitverantwortung mit einbezogen (Wissensebene).

Zudem fühlen sie sich ins Unternehmen eingebettet. Sie merken, dass sich die Unternehmensleitung um sie kümmert und dass man ihrer Arbeit Gewicht und Bedeutung zugesteht (Gefühlsebene). Sie sind in die Entscheidungsprozesse der Unternehmensleitung integriert und sehen ihre Arbeit als wichtigen Bestandteil zur Erreichung der Unternehmensziele. Mitarbeiterinnen und Mitarbeiter sind dadurch weniger anfällig auf Gerüchte. Sie kennen die einzelnen Schritte des Unternehmens und müssen die zum Verstehen der gegenwärtigen und zukünftigen Situation benötigten Informationen nicht aus unsicheren, bruchstückhaften und stark subjektiv gefärbten Gerüchten zusammentragen.

Außenwirkung

Mittelfristig wird kaum ein Unternehmen im nationalen oder internationalen Wettbewerb bestehen, welches sich nicht an einer starken Kundenorientierung ausrichtet. Diese ist jedoch nur mit überzeugten und motivierten Mitarbeiterinnen und Mitarbeitern möglich, die einen kompetenten, angenehmen und sympathischen Kundenkontakt sicherstellen. Auch sind motivierte Mitarbeiterinnen und Mitarbeiter besser in der Lage, ihren Kunden die Überlegenheit ihres Unternehmens gegenüber der Konkurrenz zu kommunizieren.

Aber auch im privaten Bereich wird von den Mitarbeiterinnen und Mitarbeitern erwartet, dass sie in der öffentlichen Auseinandersetzung aktueller Unternehmensthemen (zum Beispiel bei Unternehmenskrisen oder Restrukturierungen) über entsprechendes Hintergrundwissen verfügen sowie Unternehmensentscheidungen plausibel erklären können. Bei Grossunternehmen wie beispielsweise dem Chemiekonzern BASF AG in Deutschland gelten die 50 000 Mitarbeiterinnen und Mitarbeiter in der Region Ludwigshafen/Vorderpfalz sogar als zentraler Bestandteil der Öffentlichkeitsarbeit.

Die Grundvoraussetzung für eine erfolgreiche Außenwirkung muss im Unternehmen selbst geschaffen werden, denn nur wenn die Angestellten ins betriebliche Geschehen eingebunden und zufrieden sind, können sie die positive Grundhaltung nach außen tragen. Um also eine positive Außenwirkung zu erzielen, muss das Unternehmen bereits interne Vorleistungen erbracht haben. Diese Vorleistungen müssen sich einerseits auf die «normalen» Arbeitsplatzbedingungen (Salär, Sozialleistungen usw.), andererseits auf die Interne Kommunikation beziehen. Denn die Interne Kommikation hat einen entscheidenden Einfluss, wie das Unternehmen von außen wahrgenommen wird, und führt entsprechend entweder zu einem positiven oder negativen Unternehmensbild bei den relevanten externen Zielgruppen.

Kostenwirkung

Ein weiterer Effekt motivierter Mitarbeiterinnen und Mitarbeiter sind mehr Engagement, effektiveres Arbeiten und somit geringere Kosten. Die Kostenwirkung tritt am deutlichsten dort auf, wo die Interne Kommunikation vernachläßigt oder mangelhaft betrieben wird. Ungenügende oder fehlende Interne Kommunikation führt auf arbeitstechnischer Seite zu Reibungsverlusten, Missverständnissen, langwierigen Arbeitsprozessen und Parallelarbeiten. Zudem hat sie entscheidende Auswirkungen auf die Psyche der Mitarbeiterinnen und Mitarbeiter. Die Folgen sind ein schlechtes Arbeitsklima, mehr Mitarbeiterabsenzen, hohe Mitarbeiterfluktuation, überdurchschnittlich viele Gerüchte, innere Kündigung, Mobbing oder gar Betriebskriminalität. Eine Studie der Migros-Genossenschaft, dem größten Detailhandelsunternehmen der Schweiz, zeigt auf, dass sich das jährliche Leistungsdefizit ihrer Mitarbeiterinnen und Mitarbeiter aufgrund psychosozialer Probleme auf rund 22 Millionen Euro beziffern läßt. Alleine die durch Mobbing verursachten Absenz- und Therapiekosten werden gesamtschweizerisch auf 2,5 Milliarden Euro geschätzt und für Deutschland werden die Mobbingkosten pro Jahr sogar auf 16 bis 51 Milliarden Euro veranschlagt.

Aufgaben der Internen Kommunikation

Die Interne Kommunikation hat zwei Hauptaufgaben wahrzunehmen, damit man von einer umfassenden und möglichst viele Bedürfnisse der Mitarbeiterinnen und Mitarbeiter abdeckenden Kommunikation sprechen kann.

Einerseits muss sie die Mitarbeiterinnen und Mitarbeiter schnell und umfassend mit den benötigten Informationen versorgen (Informationsfunktion). Andererseits muss sie den sprachlichen Austauschprozess zwischen der Unternehmensleitung und den Mitarbeiterinnen und Mitarbeitern sicherstellen (Dialogfunktion). Auf informativer Ebene kann weiter zwischen der Anordnungs- und Koordinationsfunktion, auf dialogischer Ebene zwischen der Orientierungs- und Kontaktfunktion unterschieden werden (siehe Abb. auf Seite 29). Alle Aufgaben sollten in regelmäßiger Folge und mit klar definierten Maßnahmen und Medien umgesetzt werden.

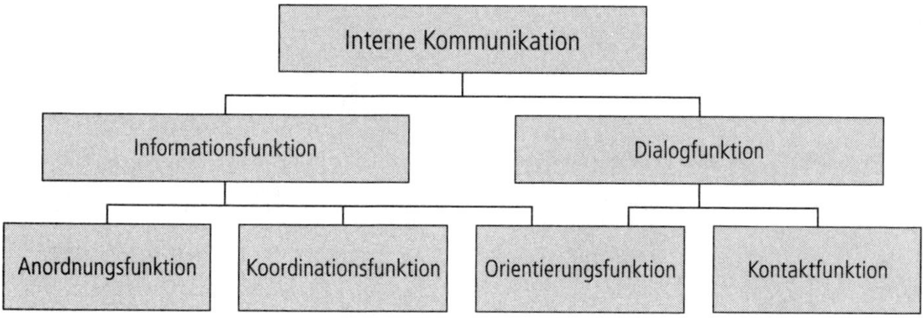

Anordnung und Anweisung

Die Interne Kommunikation muss den Mitarbeiterinnen und Mitarbeitern aufgabenspezifische Neuigkeiten und Veränderungen möglichst schnell und umfassend vermitteln, damit die Handlungen der einzelnen Arbeitsbereiche den neuen Rahmenbedingungen angepasst werden können. Dabei müssen diese Nachrichten in den meisten Fällen nicht ausführlich thematisiert und umfassend beleuchtet werden. Oft genügt eine knappe Anweisung oder eine kurze Anordnung.

Gerade in Situationen, wo keine Zeit für lange Erklärungen bleibt, kommt einem funktionierenden Verteilsystem von Anordnungen und Anweisungen eine wichtige Rolle zu. In solchen Fällen müssen die Informationen der Unternehmensleitung die Mitarbeiterinnen und Mitarbeiter schnell und vollständig erreichen, um Veränderungen unternehmensweit und innert kürzester Zeit durchführen zu können. Denn je schneller relevante Anordnungen und Anweisungen alle Teile des Unternehmens erreichen, desto flexibler kann das Unternehmen in den Märkten agieren. Gerade bei sich schnell wandelnden Branchen- und Marktbedingungen kann eine effiziente Verbreitung von Anordnungen und Anweisungen zu höherer Flexibilität und Dynamik des Unternehmens führen.

Vermittlung und Koordination

Die Interne Kommunikation muss zudem die verschiedenen Teilprozesse zwischen den Organisationseinheiten (Stellen, Abteilungen, Bereiche usw.) koordinieren helfen. Durch die Arbeits- und Aufgabenteilung funktionieren diese Einheiten meist teilautonom, d. h. die jeweiligen Aufgaben werden selbstständig gelöst, müssen aber einem gemeinsamen Ziel dienen. Um die vielen Teilprozesse zu einer Gesamtheit zusammenzufügen, muss ein hoher interner Kommunikationsaufwand betrieben werden. Die Interne Kommunikation kann diese Koordinationsfunktion übernehmen und die Teilprozesse auf ein gemeinsames, einheitliches Ziel ausrichten.

Orientierung und Erklärung

Eine weitere Aufgabe der Internen Kommunikation besteht darin, die Mitarbeiterinnen und Mitarbeiter über produkt-, branchen- und marktspezifische Entwicklungen und Zusammenhänge sowie über die unternehmenspolitischen Vorgänge und Zielsetzungen zu orientieren. Durch die zunehmende Komplexität der Produkt-, Branchen- und Marktabläufe werden ihre Entwicklungen und Veränderungen für die Mitarbeiterinnen und Mitarbeiter immer undurchschaubarer und unverständlicher. Sie sind oftmals nicht in der Lage, die Zusammenhänge zwischen den gesamtwirtschaftlichen Entwicklungen und ihrer eigenen Arbeit herzustellen und zu einem schlüssigen Gesamtbild zu verbinden. Diese Aufgabe muss die Interne Kommunikation übernehmen.

Zudem muss sie die gesamte Belegschaft vermehrt in die unternehmenspolitischen Vorgänge und Zielsetzungen mit einbeziehen. Die Mitarbeiterinnen und Mitarbeiter müssen sich der gegenwärtigen Situation des Unternehmens und seiner Position gegenüber der Konkurrenz bewusst sein. Sie müssen wissen, wie sich das Unternehmen entwickelt und was dies für ihre persönliche Zukunft heisst. Dass dieser Punkt immer wichtiger wird, zeigte eine Umfrage der IBM Deutschland auf. Erst an zweiter Stelle interessieren sich die IBM-Mitarbeiterinnen für die gehaltliche Perspektive, und noch weniger interessieren sie sich für Angaben über soziale Belange wie die Sozialleistungen des Unternehmens. Ihr hauptsächliches Interesse gilt den Zielen und Strategien des Unternehmens.

Trotz der zunehmenden Bedeutung einer umfassenden Orientierung der Angestellten lassen sich bislang Defizite in diesem Bereich feststellen. Zu einseitig und zu eng wird die Orientierungsfunktion noch in vielen Unternehmen als wirtschaftliche und absatzpolitische Erfolgsmeldung sowie als technische Information aus den einzelnen Unternehmensbereichen betrieben. Kritische Mitteilungen, Probleme oder zukünftige Planungen werden weitgehend ausgeklammert und ein sprachlicher Austauschprozess zwischen der Unternehmensleitung und den Mitarbeiterinnen und Mitarbeitern noch viel zu wenig ermöglicht.

Erst wenige Unternehmen orientieren umfassend, transparent und dialogisch, wie dies beispielsweise die 3M in Deutschland in ihren «Dialogue Sessions» vollzieht. In diesen Gesprächsrunden werden die Unternehmensziele und -maßnahmen in regelmäßiger Folge allen Mitarbeiterinnen und Mitarbeitern vermittelt. Sie beginnen auf der obersten Führungsebene und setzen sich durch die hierarchischen Ebenen nach unten durch. Dabei sind diese Gesprächsrunden nicht halbstündige Abteilungsgespräche, sondern halbtägige Klausuren ausserhalb des Unternehmens.

Herstellung sozialer Kontakte

Interne Kommunikation muss schließlich den sozialen Kontakt zwischen den Angestellten und den Führungskräften ermöglichen. Lange wurde die Interne Kommunikation auf ihre leistungsbezogene und technische Seite reduziert. Doch darf sie sich nicht nur in der Optimierung von Informations- und Kommunikationsprozessen erschöpfen, sondern muss auch soziale Kontakte ermöglichen. Interne Kommunikation hat nicht nur eine Inhalts-, sondern auch eine Beziehungsseite. Wo nämlich in Unternehmen durch ungeeignete organisatorische Maßnahmen oder ungeschicktes Verhalten der Vorgesetzten zwischenmenschliche Austauschprozesse unterbunden werden, kann es in der Folge zu Gefühlen der Ausgeschlossenheit, Vereinsamung und schließlich zum subjektiven Eindruck der Bedeutungs- und Sinnlosigkeit der Arbeit führen. Interne Kommunikation muss folglich auch sprachliche Austauschprozesse ermöglichen und fördern, die nicht primär auf die konkrete Arbeitstätigkeit ausgerichtet sind, sondern eher dem zwischenmenschlichen Kontakt und der Beziehungspflege dienen. Dadurch wird die Arbeit einerseits als angenehmer empfunden, und andererseits können die so geschaffenen sozialen Kontakte dazu führen, interne Abläufe zu beschleunigen und flexibler zu gestalten, denn manche Probleme in Unternehmen werden erst aufgrund kollegialer Kontakte lösbar.

Verantwortlichkeiten der Internen Kommunikation

Die Verantwortlichkeiten für die Umsetzung der Internen Kommunikation lassen sich an verschiedenen Stellen des Unternehmens festhalten. Dementsprechend müssen die Aufgabengebiete der Verantwortlichen auf den verschiedenen Ebenen klar umrissen und festgelegt sein. Dabei sind die Verantwortlichkeiten der Unternehmensleitung, der Abteilung Unternehmenskommunikation, der Abteilung Interne Kommunikation sowie der Vorgesetzten zu unterscheiden (siehe Abb. auf Seite 33).

Unternehmensleitung	– Festlegung der Kommunikationsziele – Genehmigung der Kommunikationsstrategie – Kontrolle der Kommunikationsprozesse
Abteilung Unternehmungskommunikation	– Integration Interne/externe Kommunikation – Festlegung der Kommunikationsstrategie – Einsatz des internen Kommunikationsmanagers
Abteilung Interne Kommunikation	– Beratungsservice – Redaktionsservice – Vertriebs- und Veranstaltungsservice – Schulungsservice
Vorgesetzte	– Selektion der Mitteilungen – Selektion der Empfänger – Selektion der Medien

Verantwortlichkeiten der Unternehmensleitung

Der Unternehmensleitung fallen die Aufgaben zu, die Ziele der Internen Kommunikation zu formulieren, die Kommunikationsstrategie zu genehmigen sowie die internen Kommunikationsprozesse zu überwachen und allenfalls Veränderungen zu initiieren. Dabei ist es wichtig, dass in der Unternehmensleitung eine einheitliche Grundhaltung betreffend der Aufgaben und Ziele der Internen Kommunikation besteht und dass Anpassungen und Veränderungen von der gesamten Unternehmensleitung unterstützt und mitgetragen werden.

Die interne Kommunikationsstrategie muss von allen Unternehmensleitungsmitgliedern genehmigt und einheitlich umgesetzt werden, da es ihr andernfalls an Durchschlagkraft fehlt. Denn wenn die Angestellten von verschiedenen Teilen der Unternehmensleitung zu wichtigen Themen unterschiedliche Aussagen und Wertungen hören, führt dies unweigerlich zu Irritation, Unsicherheit und letztlich Orientierungslosigkeit. Es bilden sich Fraktionen, und man spekuliert, welcher Fraktionschef sich am Ende durchsetzen wird, auf welches Pferd man also selber setzen soll.

Sind ein grundsätzlicher Konsens und eine allgemeine Bereitschaft der Unternehmensleitung zur Gestaltung der Internen Kommunikation vorhanden, können die entsprechenden Maßnahmen der Abteilung Unternehmenskommunikation, der Abteilung Interne Kommunikation und der Vorgesetzten umgesetzt werden.

Verantwortlichkeiten der Abteilung Unternehmenskommunikation

Die Abteilung Unternehmenskommunikation hat den inhaltlich und zeitlich aufeinander abgestimmten Auftritt der Internen und Externen Kommunikation sicherzustellen. Im Sinne der integrierten Unternehmenskommunikation muss sie gewährleisten, dass Reibungsverluste vermieden und ein homogenes Unternehmensbild bei den relevanten Zielgruppen geschaffen wird. Sie muss garantieren, dass keine Nachricht extern kommuniziert wird, bevor sie nicht intern erläutert worden ist, und umgekehrt wird keine Botschaft intern weitergegeben, bevor sie nicht auf die externe Wirkung hin geprüft wurde. Die Abteilung Unternehmenskommunikation muss in Zusammenarbeit mit jener der Internen Kommunikation die interne Kommunikationsstrategie erarbeiten sowie das interne Kommunikationsmanagement und dessen Aufgabenbereich bestimmen.

So fasste beispielsweise die Hypo-Bank in Deutschland bereits im Frühjahr 1989 die wichtigsten internen und externen Kommunikationsinstrumente in der Abteilung Unternehmenskommunikation zusammen und legte damit den Grundstein für die Professionalisierung ihrer Kommunikationsarbeit.

Verantwortlichkeiten der Abteilung Interne Kommunikation

Die Abteilung Interne Kommunikation kann als Stabsstelle direkt der Unternehmensleitung unterstellt, dem Bereich Unternehmenskommunikation oder der Personal- oder Public-Relations-Abteilung zugeordnet sein. In deutschen Unternehmen wird sie in den meisten Fällen der Personalabteilung oder dem Bereich Unternehmenskommunikation unterstellt. Empirische Angaben über ihre Anbindung in Schweizer Unternehmen existierten bislang nicht, doch wird in der Literatur primär ihre Positionierung als Stabsstelle empfohlen, da sie dadurch in unmittelbarer Nähe zur Unternehmensleitung und somit am Anfang des Kommunikationsflusses steht.

Die Abteilung Interne Kommunikation ist bei der Umsetzung der Kommunikationsaufgaben der Unternehmungsleitung behilflich. Zugleich muss sie die Kommunikationsbedürfnisse der Mitarbeiterinnen und Mitarbeiter erfüllen und sie bei Problemen unterstützen. Es können folgende Verantwortlichkeiten der Abteilung Interne Kommunikation bestimmt werden:

- Erhebung des Informations- und Kommunikationsstandes der Angestellten durch regelmäßig durchgeführte Mitarbeiterbefragungen sowie Vermittlung der Ergebnisse an die Unternehmensleitung und die Mitarbeiterinnen und Mitarbeiter;
- Beratung der Unternehmensleitung und der Führungskräfte bei der Umsetzung ihrer internen Kommunikationsaufgaben;
- Unterstützung und Beratung der Mitarbeiterinnen und Mitarbeiter bei Problemen sowie Einführung neuer Mitarbeiterinnen und Mitarbeiter;
- Optimierung interner Kommunikationsstrategien sowie ständige Verbesserung der Kommunikationsstrukturen und -prozesse;
- Orientierung der Mitarbeiterinnen und Mitarbeiter über die produkt-, branchen- und marktspezifischen Veränderungen sowie über die Ziele und Strategien der Unternehmensleitung;
- Entwicklung und Unterhalt der Medieninfrastruktur des Unternehmens sowie Verfassen und Redaktion aller schriftlichen internen Medien;

- Realisation und Vertrieb der schriftlichen internen Medien sowie Organisation mündlicher Dialogveranstaltungen;
- Schulung von Mitarbeiterinnen und Mitarbeitern sowie Führungskräften in Gesprächsführung und Textverfassung.

Die Basis für alle Tätigkeiten der Abteilung Interne Kommunikation bilden die Mitarbeiterbefragungen. Sie zeigen die Einstellungen und Bedürfnisse der Mitarbeiterinnen und Mitarbeiter auf und können neben der Vermittlung des aktuellen Stimmungsbildes auch als Diagnoseinstrument geplanter Maßnahmen eingesetzt werden. Sie bilden das Fundament, auf dem ein professioneller Beratungs-, Redaktions-, Vertriebs-, Veranstaltungs- und Schulungsservice der Abteilung Interne Kommunikation aufgebaut werden kann.

Beratungsservice

Der Beratungsservice der Abteilung Interne Kommunikation erfolgt auf mindestens zwei Arten. Zum einen kann sie die Unternehmens-, Bereichs- und Abteilungsleiterinnen und -leiter über die effiziente Vermittlung von Informationen sowie der Führung des Dialoges mit den Mitarbeiterinnen und Mitarbeitern beraten. Sie kann in internen Kommunikationskonzepten festlegen, welche Inhalte an welche Mitarbeitergruppen in welcher Form vermittelt werden sollen und wie diese den Führungskräften zugänglich gemacht werden. So hat die Hypo-Bank in Deutschland jedem Unternehmensbereich eine Fachperson innerhalb der Abteilung Interne Kommunikation zugeteilt, auf die bei Fragen oder Problemen zurückgegriffen werden kann.

Zum anderen kann die Abteilung aber auch als Ombudsmannstelle bei Kommunikationsstörungen und -problemen zwischen Mitarbeiterinnen und Mitarbeitern sowie zwischen diesen und ihren Vorgesetzten beratend zur Seite stehen. Sie kann als neutrale Stelle zwischen den Konfliktparteien vermitteln, Gesprächsrunden initiieren oder bei gravierenden Fällen die Betriebspsychologin beiziehen. Eine innovative und erfolgreiche Maßnahme setzt der Schweizer Chemiekonzern Novartis seit Oktober 1988 ein. Dort unterstützt und berät ein reformierter Pfarrer die Mitarbeiterinnen und Mitarbeiter bei persönlichen, familiären und arbeitsplatzbezogenen Problemen.

Aber auch bei der Einführung neuer Angestellter kann die Abteilung Interne Kommunikation beratend zur Seite stehen. Um die Unternehmensspezifika möglichst schnell und umfassend den neuen Angestellten näher zu bringen, können folgende Maßnahmen von der spezialisierten Abteilung eingesetzt werden:

- Übergabe einer speziellen Broschüre mit allen relevanten Informationen (von der Geschichte des Unternehmens über die Weiterbildungsmöglichkeiten bis zur Handhabung der gleitenden Arbeitszeit) bei Abschluss des Arbeitsvertrages;
- Zusendung eines Publikationsverzeichnisses zur Nachbestellung sowie laufende Übersendung von neuen Publikationen (zum Beispiel Mitarbeiterzeitschrift) in der Zeit zwischen Abschluss des Arbeitsvertrages und Arbeitsbeginn;
- Einführungsveranstaltung für alle neuen Mitarbeiterinnen und Mitarbeiter in der ersten Arbeitswoche zur Vorstellung der verschiedenen Unternehmensbereiche sowie Follow-up-Veranstaltung nach einigen Wochen zur Besprechung von Unklarheiten, offenen Fragen und Problemen;
- Aushändigung von Einarbeitungsplänen für alle neuen Mitarbeiterinnen und Mitarbeiter in den ersten Arbeitstagen.

Redaktionsservice

Neben dem Korrigieren und Bearbeiten von Fachtexten verschiedener Abteilungen können in der Abteilung Interne Kommunikation auch Rundschreiben oder interne Publikationen wie die Mitarbeiterzeitschrift verfasst werden. Diese Aufgaben können ein oder mehrere Betriebsjournalisten wahrnehmen (diese Personen sind nicht mit den internen Kommunikationsmanagern gleichzusetzen, sondern diesen unterstellt).

Die Betriebsjournalisten werden dann erfolgreich arbeiten können, wenn sie für ihre Aufgaben weitgehende Freizügigkeit erhalten. Sie dürfen im Sinne des Presserechtes nicht bei der Informationsbeschaffung gehindert werden und müssen frei von hierarchischen Hürden direkten Zugang zu allen Unternehmensleitungsmitgliedern, Bereichs- und Abteilungsleitern sowie zu allen Angestellten haben. Zudem muss die Unternehmensleitung allen Bereichs- und Abteilungsleitern den Auftrag erteilen, die Betriebsjournalisten mit den wichtigsten Informationen zu versorgen. Rundschreiben müssen sie automatisch erhalten, und zu den wichtigsten Besprechungen müssen sie eingeladen werden, damit sie nicht nur Entscheidungen und Ergebnisse erfahren, sondern auch den Entstehungs- und Meinungsbildungsprozess beobachten können. Sie benötigen genügend Hintergrundinformationen, um die Mitarbeiterinnen und Mitarbeiter adäquat über die neusten Entwicklungen und Veränderungen orientieren zu können.

Vertriebs- und Veranstaltungsservice

Die Abteilung Interne Kommunikation muss nicht nur Maßnahmen und Medien der Internen Kommunikation konzipieren, sondern diese auch umsetzen. Hierzu gehören der Vertriebs- und Veranstaltungsservice. Unter den Vertriebsservice fallen die Koordination und die Überwachung der Produktion von internen

Publikationen. Zudem muss die Abteilung die Steuerung einer zielgruppengerechten Verteilung der internen Produktionen übernehmen. So versendet zum Beispiel die Abteilung Interne Kommunikation der IBM Deutschland direkt nach der Konferenz der 360 obersten Führungskräfte zu Beginn des Jahres ein Merkblatt mit den neuen Prioritäten und Zielen des Unternehmens an alle 3000 Führungskräfte und publiziert kurze Zeit später die wesentlichen Aussagen in der Mitarbeiterzeitschrift.

Eine weitere Dienstleistung der Abteilung Interne Kommunikation ist die Organisation und Durchführung von internen Kommunikationsforen und Dialogveranstaltungen. Darunter fallen ganz unterschiedliche Veranstaltungen wie Mitarbeitertreffen, interne Ausstellungen oder Unternehmensfeste. So veranstaltet das Unternehmen 3M in Deutschland einmal jährlich einen Aktionstag zu einem bestimmten Thema: beispielsweise mit Pantomimen, welche die Mitarbeiterinnen und Mitarbeiter einen Tag lang auf die Bedeutung von Sprache und Kommunikation aufmerksam machen. Weiter führen sie interne Präsentationen durch, in denen sich Abteilungen oder Bereiche mit ihren neusten Produkten bei den übrigen Mitarbeiterinnen und Mitarbeitern vorstellen, oder es gibt einen Tag der offenen Tür für Angehörige und Freunde. Die Organisation und Durchführung solcher Veranstaltungen übernimmt die Abteilung Interne Kommunikation mit den entsprechenden Fachbereichen.

Schulungsservice

Der Abteilung Interne Kommunikation kommt zudem eine wichtige Funktion im Bereich der Gesprächs- und Kommunikationstrainings zu. Gesprächstrainings sind zwar in vielen Unternehmen bereits Bestandteil von Aus- und Fortbildungsmaßnahmen, doch werden sie bislang vorwiegend Führungskräften für die Verbesserung ihrer Rede- und Präsentationsfähigkeiten angeboten. Es besteht ein Handlungsbedarf für die Mitarbeiterschulung mittlerer und unterer Hierarchieebenen, welcher von der Abteilung Interne Kommunikation wahrgenommen werden und die Planung, Durchführung und Auswertung der Kurse übernehmen kann.

Weiter muss die Abteilung interne Textrichtlinien erstellen oder verbessern sowie Textverfassungsschulungen durchführen. Da verschiedene Stellen innerhalb eines Unternehmens interne Texte verfassen, müssen wie für externe Texte Richtlinien betreffend Textaufbau, Textgestaltung und Terminologie vorhanden sein. Ist dies nicht der Fall, müssen die Richtlinien von der Abteilung Interne Kommunikation erarbeitet und den Mitarbeiterinnen und Mitarbeitern vermittelt werden. Die Vermittlung kann nebst der Verteilung der schriftlich festgehaltenen Richtlinien auch durch Schulung erfolgen. Gerade die Schulung von Personen, die viele und spezielle interne Texte verfassen (Redaktionsmitglieder, Personalverantwortliche usw.) wirkt sich positiv aus und trägt dazu bei, dass der formale Aufbau von Texten verbessert, die Textaufnahme schneller, der Umgang mit sprachlichen Hilfsmitteln einfacher und die mündliche Ausdrucksfähigkeit optimiert wird.

All diese Aufgaben und Verantwortlichkeiten erfordern ein Maß an Professionalität, das heute erst in wenigen Unternehmen anzutreffen ist. Um eine den Aufgaben angemessene Professionalität sicherzustellen, bietet sich die Funktionseinrichtung der internen Kommunikationsmanagerin oder des internen Kommunikationsmanagers an. Diese Person nimmt dabei eine Mittlerstellung zwischen den Bedürfnissen und Interessen der Angestellten sowie den Zielen der Unternehmensleitung ein. Die Spezialisten müssen einerseits die Koordination und Steuerung der offiziellen Informations- und Kommunikationsprozesse sicherstellen, andererseits müssen sie auch neue Ideen und Innovationen der Mitarbeiterinnen und Mitarbeiter ermöglichen und in die offiziellen Prozesse einfließen lassen. Die internen Kommunikationsmanager sind Organisatoren, Innovatoren, Unternehmensleitungsberater und Angestelltenvertreter in einem. Sie bestimmen in Absprache mit der Unternehmensleitung das Maß an Transparenz, Offenheit und Dialogfähigkeit des Unternehmens.

Verantwortlichkeiten der Vorgesetzten

Die Vorgesetzten bilden den Dreh- und Angelpunkt im internen Kommunikationssystem von Unternehmen. Als Bindeglied zwischen der Unternehmensleitung und den Mitarbeiterinnen und Mitarbeitern kommt ihnen vor allem in der Weitergabe und Aufbereitung der Unternehmensleitungsinformationen sowie der Führung des Dialoges mit den Angestellten eine wichtige Bedeutung zu. Dabei sind es vor allem drei Arten von Informationen, deren Vermittlung durch die Vorgesetzten sichergestellt werden müssen:

- Die Grundinformation (Aufgaben- und Stellenbeschreibung) bildet für die Mitarbeiterinnen und Mitarbeiter die Basis zur Ausübung ihres Berufes. Sie definiert die Verantwortlichkeiten der Aufgabenbereiche im täglichen Arbeitsprozess.
- Die laufende Information (Entscheide höherer Stellen, Ergebnisse von Untersuchungen, Orientierung über Neuerungen usw.) ermöglicht den Mitarbeiterinnen und Mitarbeitern, ihr Handeln den veränderten Situationen anzupassen.
- Die Information über den Arbeitserfolg (Rückmeldungen über Leistungen) schließlich ermöglicht es ihnen, ihr Handeln in den unternehmerischen Gesamtkontext einzugliedern.

Während den Vorgesetzten bei der Übermittlung der Grundinformation und der Information über den Arbeitserfolg in den meisten Unternehmen schriftliche, vorstrukturierte Unterlagen zur Verfügung stehen, gestaltet sich die Weitergabe der laufenden Information oftmals schwieriger. Deshalb sind von den Vorgesetzten bei der Vermittlung von fach- und aufgabenspezifischen Informationen im täglichen Arbeitsprozess speziell die Selektion der Mitteilungen, die Selektion der Empfänger sowie die Wahl der geeigneten Medien zu beachten.

Selektion der Mitteilungen

Eine wichtige Aufgabe der Vorgesetzten bei der Informationsvermittlung besteht darin, aus der täglichen Informationsflut die für ihre Mitarbeiterinnen und Mitarbeiter relevanten Informationen herauszufiltern und sie zu kanalisieren, um sie so vor Über- und Desinformation zu schützen. Denn undosiert und ungewogen abgegebene Informationen können kaum je richtig verdaut werden. Als Folge davon baut sich bei den Angestellten nicht selten ein Abwehrsystem auf, welches in Informationsimmunität oder -apathie münden kann. Die Vorgesetzten wundern und ärgern sich dann, wenn die Mitarbeiterinnen und Mitarbeiter häufig Gedrucktes und elektronisch Mitgeteiltes immer noch nicht kennen. Überinformation läßt die Empfänger gegenüber wirklich wichtigen Informationen abstumpfen.

Selektion der Empfänger

Es gibt Informationen, die alle Mitarbeiterinnen und Mitarbeiter, und solche, die nur gewisse Zielgruppen erhalten sollten. Nicht jede Botschaft ist für jede Person geeignet. So können aufgrund fehlender Kenntnisse der Zusammenhänge unselektierte Informationsweitergaben mehr Missverständnisse und Verängstigungen bei den Angestellten aufbauen, als relevante Informationen vermittelt werden. Sie wirken in solchen Fällen kontraproduktiv und lassen unnötig Unsicherheiten entstehen. Zudem interessiert auch nicht jede Information jede Mitarbeiterin und jeden Mitarbeiter. Man darf Angestellte nicht durch Informationen erschlagen, die sie gar nicht wollen. Mit anderen Worten: Die Vorgesetzten sollten möglichst genau wissen, was die Informations- und Kommunikationsbedürfnisse ihrer Mitarbeiterinnen und Mitarbeiter sind. Zur Ermittlung dieser Bedürfnisse können nebst den persönlichen Gesprächen auch Mitarbeiterbefragungen und interne Studien dienen.

Wahl der Medien

Sowohl mündliche als auch schriftliche Mitteilungen sollten in der Weise formuliert werden, dass sie dem Sachverständnis der Empfänger entsprechen. Die Vorgesetzten haben eine Übersetzerfunktion, die sie wahrnehmen müssen: Sie müssen komplexe Sachverhalte in eine der Zielgruppe angepasste und für sie verständliche Sprache transformieren, müssen also Fachausdrücke erklären, Zusammenhänge aufzeigen und Beispiele zur Illustration benützen. Sie müssen bei Verständnisschwierigkeiten Ergänzungen und adäquate Zusatzinformationen liefern können.

In diesem Zusammenhang kommt den Vorgesetzten die Aufgabe der geeigneten Medienwahl zu. Da kaum ein Medium für alle Informationsaufgaben geeignet ist, sollte seine Wahl nach der Größe der Empfängergruppe, der Schnelligkeit der Übertragung und den Konzeptions- und Produktionskosten erfolgen. In der Regel tendieren Vorgesetzte dabei zur mündlichen Orientierung ihrer Mitarbeiterinnen und Mitarbeiter. Vor allem Bereichs- und Abteilungsgespräche nehmen eine wichtige Position im Informationsverbreitungsprozess des Unternehmens ein.

Bei einem funktionierenden System von Abteilungsgesprächen kann das Informationsbedürfnis der Mitarbeiterinnen und Mitarbeiter zu einem großen Teil abgedeckt werden. Um dies aber gewährleisten zu können, müssen die Abteilungsgespräche institutionalisiert, müssen ihr formaler Rahmen (Frequenz, Dauer usw.) und ihr Inhalt festgelegt sein. Ist dies nicht der Fall, muss ein Konzept für eine einheitliche Gestaltung der Abteilungsgespräche erarbeitet und eingeführt werden. Die Vorgesetzten müssen zur Durchführung der Abteilungstreffen verpflichtet und die Regelmäßigkeit dieser Treffen durch Kontrollmaßnahmen überprüft werden. Nur zu oft entschuldigen sich Vorgesetzte damit, durch Zeitdruck und Überbeschäftigung den Kommunikationspflichten gegenüber ihren Mitarbeiterinnen und Mitarbeitern nicht nachkommen zu können.

Um dem veränderten Informations- und Kommunikationsbedürfnis der Angestellten Rechnung zu tragen, müssen die Einzel- und Gruppengespräche stärker dialogisch ausgerichtet werden, wie dies die IBM Schweiz seit 1992 praktiziert. Das Unternehmen gestaltete im Zusammenhang mit seiner Restrukturierung das (traditionelle) Qualifikationsgespräch zwischen Vorgesetzten und Mitarbeitern in ein Beratungsgespräch (Counseling Interview) um, wo die Teilnehmer die Gelegenheit haben, sich gemeinsam über die zukünftige Entwicklung Gedanken zu machen und die geeigneten Schritte zusammen festzulegen. Es wird nicht mehr eine einseitige Beurteilung durch den Vorgesetzten, sondern ein wechselseitig geführtes Gespräch angestrebt.

Den Vorgesetzten kommen also wichtige Dialogaufgaben zu. Denn die Mitarbeiterinnen und Mitarbeiter suchen in nahezu jeder Begegnung mit den Vorgesetzten nach Zeichen für deren Haltung und stellen sich Fragen wie beispielsweise: «Wie wird er meinen Vorschlag beurteilen?», «Was für Punkte der Aufstellung möchte er wohl hören?», «Was ist seine Einstellung zu diesem Thema?». Vorgesetzte sollten daher im Gespräch mit ihren Mitarbeiterinnen und Mitarbeitern immer wieder ihre Grundposition festlegen, die Positionen der Mitarbeiterinnen und Mitarbeiter erfassen und mögliche daraus resultierende Problembereiche artikulieren und angehen. Vorgesetzte sollten erkennen, ob und wann unterschwellige Probleme thematisiert werden müssen. Sie sollten Kommunikationsprozesse nicht nur fördern, sondern selber auch initiieren.

Wie die empirische Untersuchung oberer Führungskräfte in einem deutschen Automobilunternehmen zeigte, sehen nämlich die Angestellten in zunehmendem Maß jene Fähigkeiten von Vorgesetzten als bedeutend an, die bis anhin kaum als aufstiegsrelevant erachtet worden sind. Hierzu zählen neben koordinierenden und motivierenden vor allem wert- und zielsetzende sowie kommunikative Fähigkeiten. Führung im neuen Jahrtausend erfordert Vorgesetzte, die Kommunikation ermöglichen.

Medien der Internen Kommunikation

Die Umsetzung der internen Kommunikationsaufgaben erfolgt durch den Einsatz interner Medien. Entsprechend der Bedeutung der Internen Kommunikation müsste den internen Medien eine hohe Beachtung beigemessen und für ihre Umsetzung die entsprechenden personellen und finanziellen Ressourcen bereitgestellt werden. Dies ist jedoch nur in wenigen Unternehmen der Fall. In bürokratischem Stil verfasste Rundschreiben, unattraktive Mitarbeiterzeitschriften und unzeitgemäße Informationstafeln prägen noch immer das Bild der Internen Kommunikation. Viele interne Medien zeichnen sich durch mangelnde Aktualität, einseitige, unternehmensleitungsorientierte Berichterstattung sowie eine sich durch Problemarmut und Konfliktscheu auszeichnende Realitätsvermittlung aus. Doch die Aufgaben sind zu vielfältig, zu komplex und wichtig, als dass sie mit einigen wenigen Standardmedien abgehandelt werden könnten. Aus der Vielzahl möglicher interner Medien gilt es vielmehr, die für die Zielerreichung des Unternehmens relevanten Medien auszuwählen und sie betreffend Funktion, Zielgruppe, zeitlichem Einsatz und Form aufeinander abzustimmen. Doch welche Medien stehen hierzu zur Verfügung, wie können sie miteinander verknüpft und welche innovativen Dialogmaßnahmen dabei eingesetzt werden?

Informations- und Dialogmedien

Das bloße Vorhandensein interner Medien garantiert noch nicht, dass sie von den Mitarbeiterinnen und Mitarbeitern auch akzeptiert und zur Kenntinis genommen werden. Nur wenn die Inhalte für sie relevant sind und die Form mit ihrer Funktion übereinstimmt, werden sie positiv aufgenommen und regelmäßig genutzt. Die Inhalte können dabei aus repräsentativen und regelmäßig durchgeführten Mitarbeiterbefragungen erhoben werden. Repräsentativ müssen die Erhebungen sein, um die Bedürfnisse aller Mitarbeiterinnen und Mitarbeiter zu erfassen, und regelmäßig müssen die Befragungen sein, um den sich verändernden Informations- und Kommunikationsbedürfnissen der Angestellten Rechnung zu tragen.

Sind diese Bedürfnisse bekannt, können die relevanten Inhalte definiert sowie die geeigneten Medien ausgewählt, eingesetzt und miteinander verknüpft werden. Dabei sollte darauf geachtet werden, dass sowohl interne Medien zum Einsatz kommen, die schnell und umfassend Informationen an die Mitarbeiterinnen und Mitarbeiter transportieren, als auch solche, die den sprachlichen Austausch mit ihnen sicherstellen. Gemäß der definierten Aufgabenstruktur kann so zwischen Informations- und Dialogmedien unterschieden werden. Diese können wiederum in Anordnungs-, Koordinations-, Orientierungs- und Kontaktmedien unterteilt werden (siehe Abb. auf Seite 48).

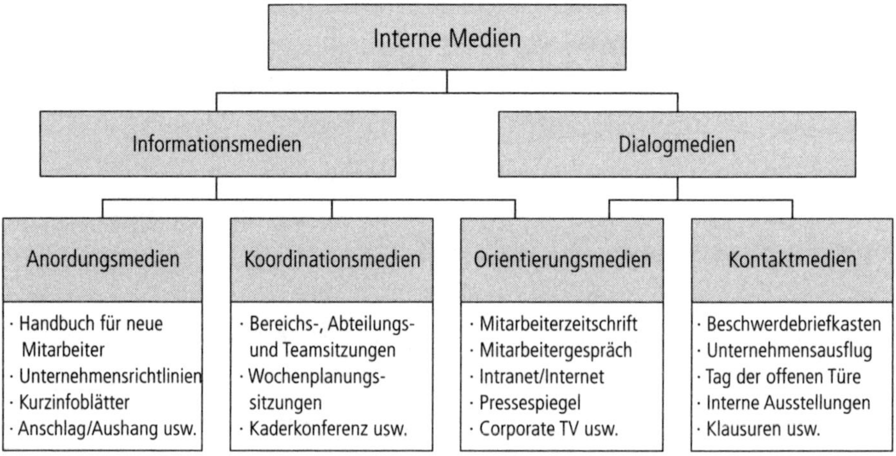

Bei der Auswahl und dem Einsatz der internen Medien (Konzeption, Realisation, Produktion) können externe Spezialisten dem Unternehmen mit professionellem Know-how zur Seite stehen. Das hat den Vorteil, nicht für alle Aufgaben das entsprechende Detailwissen und die personellen Kapazitäten bereitstellen zu müssen und trotzdem professionell und schnell agieren zu können. Wie jedoch eine empirische Studie 1997 zum Einsatz interner Medien in der Schweiz ergab, werden externe Spezialisten vorwiegend für die Gestaltung und Produktion der internen Medien zugezogen. So beanspruchen 34 Prozent der befragten Unternehmen externe Unterstützung im Produktionsbereich und 20 Prozent fremde Kapazitäten für die Gestaltung ihrer internen Medien. Dagegen ziehen nur gerade acht Prozent aller Unternehmen externe Berater für die Konzeption ihrer internen Medien bei. Sinn und Nutzen externer Berater (strategische Ausrichtung, Inhaltsdefinition, Redaktion usw.) werden oft verkannt. Ihr Einsatz muss deshalb als unterentwickelt bezeichnet werden.

Integration der internen Medien

Nicht die einzelnen, isoliert eingesetzten Medien entscheiden über den internen Kommunikationserfolg, sondern die durch die Verknüpfung, Koordination und Integration erzielten Synergien. Die internen Medien sollten nicht separat konzipiert und realisiert werden, sondern bereits im Entwicklungsstadium bezüglich zeitlichem Einsatz, Zielgruppe, Funktion, Inhalt und Form aufeinander abgestimmt werden, sodass eine interne Medieninfrastruktur aufgebaut werden kann. Jedes Medium hat dabei eine bestimmte Funktion innerhalb dieser Struktur:

- Die vorrangige Aufgabe der Mitarbeiterzeitschrift ist die Vermittlung der längerfristigen Unternehmensziele und Maßnahmen.
- Die wöchentlichen E-Mails der Unternehmensleitung an alle Mitarbeiterinnen und Mitarbeiter dienen der Orientierung über kurz- bis mittelfristige Vorgänge und Zielsetzungen des Tagesgeschäfts.
- Die Mitarbeiterversammlung hilft der kritischen Auseinandersetzung zu einem aktuellen Schwerpunktthema zwischen Unternehmensleitung und Angestellten und damit zur Entwicklung einer transparenten und dialogischen Unternehmenskultur.

- Die Kadersitzung trägt zum Austausch wichtiger Führungsinformationen abseits vom beruflichen Alltag und zur besseren Koordination zwischen den einzelnen Abteilungen bei.

Je nach Ergebnis der Mitarbeiterbefragung können diese oder andere Medien miteinander verknüpft und aufeinander abgestimmt werden (siehe Abb. auf Seite 50).

	Mitarbeiterzeitschrift	Unternehmensleitungsmail	Mitarbeiterversammlung	Kadersitzung
Zeitlicher Einsatz	Drei- bis vier Mal pro Jahr	Zum Beginn jeder Woche sowie zusätzlich nach Bedarf	Ein bis zwei Mal pro Jahr	Ein bis zwei Mal pro Jahr
Zielgruppe	Alle Angestellten	Alle Angestellten	Alle Angestellten	Alle Angestellten des Kaders
Funktion	«Big Picture»: Gesamtüberblick des unternehmerischen Handelns im wirtschaftlichen Umfeld	«Daily Business»: Vorstellung von kurz- bis mittelfristigen Zielen und Maßnahmen des Unternehmens	«Culture»: Dialogische und kritische Auseinandersetzung mit aktuellen Erfolgen und Problemen des Unternehmens	«Coordination»: Austausch wichtiger Führungsinformationen und -entscheide auf Kaderebene
Inhalt	Grossprojekte und Abteilungen, Unternehmensziele der nächsten sechs bis zwölf Monate, Sozialthemen usw.	Aktuelle Projekte des Tagesgeschäfts, kurzfristige Ziele, aktuelle Sachthemen usw.	Schwerpunktthema, Bereiche zur Verbesserung, Aufnahme von Vorschlägen der Angestellten usw.	Veränderungen in Abteilungen oder Bereichen, Investitionen usw.
Form	Professionell konzipierte, realisierte und produzierte Zeitschrift	Wöchentlich distribuiertes E-Mail	Moderierte Gesprächsrunden	Ein- bis mehrtägige Workshops in externen Räumlichkeiten

Die systematische Nutzung der internen Medieninfrastruktur ist in den meisten Unternehmen unzureichend. Erst vereinzelt haben Unternehmen wie die Hypo-Bank in Deutschland eine Medieninfrastruktur über mehrere Jahre aufgebaut und beständig optimiert. Denn erst der verknüpfte und abgestimmte Einsatz der zielgruppenspezifischen Medien sichert einen hohen Beachtungs- und Wirkungsgrad. Zudem kommt innovativen Dialogmaßnahmen eine große Bedeutung zu.

Innovative Dialogmaßnahmen

Fussballweltmeisterschaften oder Olympische Spiele verändern die Gesprächskultur eines Unternehmens schlagartig. Sie schaffen für eine kurze Zeit Gesprächsstoff, überbrücken Anfangshürden in Besprechungen, retten Fahrstuhlfahrten vor dem «Sich-Anschweigen» und führen zu verschiedenen Aktivitäten (Wettpool, gemeinsames Anschauen von Übertragungen usw.). Sie setzen aufgrund gemeinsamer Erlebnisse Kommunikationsbarrieren außer Kraft, rücken Mitarbeiterinnen und Mitarbeiter verschiedener Hierarchiestufen näher zusammen und bringen gesamthaft mehr Dynamik ins Unternehmen. Solche Verbindungs- und Integrationsfunktionen können aber auch künstlich geschaffene und bewusst eingesetzte Dialogmaßnahmen übernehmen, wie beispielsweise folgende Maßnahmen zur Förderung der sprachlichen Austauschprozesse zwischen der Unternehmensleitung und den Mitarbeiterinnen und Mitarbeitern:

Mitarbeiterveranstaltung bei der IBM

Neue Wege bei der Orientierung ihrer Mitarbeiterinnen und Mitarbeiter beschritt die IBM Schweiz Anfang 1992, als sie aufgrund starker Gewinnverluste zu einer drastischen Umstrukturierung ihres Unternehmens gezwungen war.

Die Unternehmensleitung beschloss, nicht bloß die oberen Führungskräfte, sondern alle Mitarbeiterinnen und Mitarbeiter über die bevorstehenden Schritte zu orientieren. Sie lud rund

2500 Mitarbeiterinnen und Mitarbeiter zu einer Tagung ins Hallenstadion Zürich ein, die unter dem Motto «Aufbruch 92» stand. Ausführlich wurde die Situation des Unternehmens dargelegt, und es wurden die notwendigen Maßnahmen und Umsetzungen erklärt. Zudem begab sich der Marketingdirektor, anstatt ein Referat zu halten, in das Kreuzfeuer zweier Angestellter, die ihm kritische, aus Mitarbeiterperspektive relevante Fragen zur Umstrukturierung stellten. Ziel dieser Veranstaltung war es, die Mitarbeiterinnen und Mitarbeiter in den Entscheidungsprozess der Unternehmensleitung mit einzubeziehen und ihr Vertrauen für die zukünftigen Schritte zu gewinnen. Zudem konnte der dialogische Austauschprozess zwischen der Unternehmensleitung und den Mitarbeiterinnen und Mitarbeitern initiiert und für die folgenden Kommunikationsmaßnahmen eine positive Basis geschaffen werden.

Interne Werbekampagne bei der Swisscom

Durch die Liberalisierung und Privatisierung des Schweizer Telekommunikationsmarktes im Jahr 1998 verlor das bis zu diesem Zeitpunkt staatliche Unternehmen «Telecom PTT» die Monopolstellung und wurde zum privatisierten Unternehmen «Swisscom» umgebaut. Die Umstrukturierung war mit vielen Ängsten und Unsicherheiten der Mitarbeiterinnen und Mitarbeiter verbunden. Ehemalige staatliche Beamte wurden neu zu Angestellten eines Unternehmens der Privatwirtschaft. Die Unternehmensleitung versuchte diesen Ängsten mit einer breit angelegten internen Kommunikationsoffensive zu begegnen. Dabei bildete neben Workshops, die gut 20 000 Mitarbeiterinnen und Mitarbeiter während mehr als einem Jahr durchliefen, eine interne Werbekampagne das Kernstück dieser Maßnahmen. Die Motivationskampagne war in drei Phasen aufgebaut und sollte alle Beteiligten für die Veränderungen sensibilisieren, die Akzeptanz sicherstellen und das Mitdenken und Mithandeln fördern:

- In der ersten Phase wurden Kleber mit provokativen und fiktiven Aussagen aus der Mitarbeiterperspektive wie «Shit, ich kann kein Englisch» oder «Privatisierung – Nein Danke» von Hausdienstangestellten und Kommunikationsverantwortlichen an Schreibtische, Garderobenschränke und Toilettentüren geklebt.
- In der zweiten Phase wurden Plakate aufgehängt, deren obere Hälfte mit den provokativen Aussagen der ersten Phase bedruckt waren und deren untere Hälfte Stellungnahmen und Antworten der Unternehmensleitung zu den angesprochenen Themen aufzeigte. Zudem wurden die Kampagnen in der Hauszeitschrift «communication» erklärt und ihre Akzeptanz mit einer Mitarbeiterbefragung verifiziert.
- In der dritten Phase wurden schließlich Plakate mit Aussagen von Mitarbeiterinnen und Mitarbeitern zum Thema «Change» in den Geschäftsstellen aufgestellt. Sie sollten die Leitsätze verinnerlichen und die Vorteile der neuen Struktur kommunizieren.

Die Kampagne erhitzte die Gemüter, und interne Kommunikationsverantwortliche mussten mit persönlichen Angriffen, Beleidigungen und Beschimpfungen rechnen. Doch der Kampf um die Aufmerksamkeit der Mitarbeiterinnen und Mitarbeiter war gewonnen, sie setzten sich intensiv mit der Kampagne und dem Veränderungsprozess auseinander, und der initiierte Dialog konnte nach der ersten Phase der Entrüstung aufgebaut und weiterverfolgt werden.

Corporate TV der SAirGroup

Ende 1996 organisierte sich der Swissair-Konzern neu zur SAir-Group, in der die einstigen Konzernbereiche zu eigenständigen Unternehmen transformiert wurden. Als Zeichen der Umstrukturierung und der damit verbundenen neuen Ausrichtung der Unternehmenskultur setzte die Unternehmensleitung Ende März 1998 zum ersten Mal Corporate TV ein. Der Aufhänger für die Pilotsendung war die SAirGroup-Bilanzkonferenz, an der erstmals auch die 45 000 Mitarbeiterinnen und Mitarbeiter teilnahmen: in Europa live per Satellitenübertragung, in Übersee per Videokassette. Die Bilanzkonferenz wurde mehrmals mit vorbereiteten Beiträgen unterbrochen, worin sich die Bereichsleiter der SAirGroup bei den Mitarbeiterinnen und Mitarbeitern bedankten und die neuen Geschäftsziele vorstellten.

In der schriftlichen Mitarbeiterumfrage, die nach der ersten Sendung durchgeführt wurde, bekam das neue Medium positive Noten. Auch die Kommunikationsverantwortlichen waren mit dem erzielten Ergebnis (nämlich der positiven Aufmerksamkeit) zufrieden und bezeichneten Corporate TV sogar als den besten Ersatz für das persönliche Gespräch. Die Kosten für die erste weltweite Ausstrahlung beliefen sich auf rund 210 000 Euro.

Zwar hat der Aufsehen erregende Konkurs des Unternehmens all diese Bemühungen obsolet werden lassen, aber dieser erste Versuch hat gezeigt, dass Corporate TV eine wichtige Stütze der Internen Kommunikation sein kann.

Die Mitarbeiterzeitschrift

In Westeuropa gibt es ungefähr 5000 Werks- und Mitarbeiterzeitschriften, die 40 Millionen Menschen erreichen. In der

Schweiz sind es ca. 500 Mitarbeiterzeitschriften, die an 2,7 Millionen Personen verteilt werden und damit 43 Prozent der Schweizer Bevölkerung erreichen. Neben dieser Breitenwirkung kommt der Mitarbeiterzeitschrift als Kernmedium der Internen Kommunikation eine große Bedeutung zu. Sie wird in der Literatur als wichtigste Quelle verlässlicher Information und als das umfassendste, am weitesten verbreitete Medium der Internen Kommunikation angesehen. Sie ist in vielen Unternehmen das einzige regelmäßig erscheinende, schriftliche Bindeglied zwischen der Unternehmensleitung und den Mitarbeiterinnen und Mitarbeitern. Neben der großen Bedeutung für die Angestellten kommt ihr aber auch eine wichtige externe Funktion zu. Über die Mitarbeiterinnen und Mitarbeiter erreicht die Mitarbeiterzeitschrift auch externe Zielgruppen wie Familienangehörige, Kunden oder Journalisten. Aufgrund ihres Inhalts und ihrer Gestaltung trägt sie auch zum positiven oder negativen Image des Unternehmens bei. Die weite Verbreitung sowie die große interne und externe Bedeutung der Mitarbeiterzeitschrift sagen aber noch nichts über ihre Rezeption aus. Welche Inhalte muss also eine Mitarbeiterzeitschrift aufweisen und wie müssen diese redaktionell und grafisch umgesetzt werden, damit sie vom Großteil der Angestellten auch rezipiert werden?

Inhalt der Mitarbeiterzeitschrift

Die inhaltliche Ausrichtung der Mitarbeiterzeitschrift muss auf dem Wortteil «Mitarbeiter» liegen. Primär müssen die Inhalte auf die Bedürfnisse der Mitarbeiterinnen und Mitarbeiter und nicht auf die Vorstellungen der Unternehmensleitung ausgerichtet sein. Dabei rangiert an oberster Stelle die Erwartung, von der Unternehmensleitung etwas über die Zukunft des Unternehmens und damit der eigenen Tätigkeit zu erfahren.

Daneben interessieren die Vorstellung neuer Projekte und Produkte, allgemeine wirtschaftliche Entwicklungen mit Bezug auf das Unternehmen, die Konkurrenz- und Wettbewerbssituation sowie Neuigkeiten über Mitarbeiterinnen und Mitarbeiter. Der Bereich Personalien ist ein wichtiger Bestandteil und darf nicht weggelassen werden. Neueintritte, Promotionen und Jubiläen sind charakteristische Elemente einer Mitarbeiterzeitschrift.

Die Mitarbeiterzeitschrift muss, um möglichst viele Mitarbeiterinnen und Mitarbeiter zu erreichen, sowohl Fach- wie auch Personalthemen beinhalten. Anstatt problemverniedlichender Darstellungen werden zudem immer mehr Mitarbeiterzeitschriften gefordert, die schnell, kritisch und möglichst umfassend die Angestellten über alle mittel- und langfristigen Themen des Unternehmens orientieren.

Die Inhalte müssen variieren und die Mitarbeiterinnen und Mitarbeiter immer wieder mit neuen Themen überraschen. Die Mitarbeiterzeitschrift muss eine attraktive, unterhaltende und Fakten vermittelnde interne Publikation sein. Sie sollte erreichen, dass die Mitarbeiterinnen und Mitarbeiter die wichtigsten unternehmerischen Zusammenhänge erkennen und ihre Arbeit in einen Gesamtrahmen einordnen können. Die Angestellten sollten ein besseres Verständnis für die Rolle des Unternehmens in der Gesamtwirtschaft sowie dem gesellschaftspolitischen und sozialen Umfeld gewinnen. Welche gestalterischen Voraussetzungen sind dafür notwendig?

Gestaltung der Mitarbeiterzeitschrift

Innovative Entwicklungen in der Gestaltung der Mitarbeiterzeitschrift sind sowohl auf redaktioneller wie grafischer Seite zu beobachten. Auf redaktioneller Seite ist die Nachricht nach wie vor die vorherrschende journalistische Darstellungsform, doch sind daneben vermehrt meinungsbetonte Formen wie der Kommentar oder die Glosse anzutreffen. Zudem finden sich öfter Leitartikel, in denen ein aktuelles Thema besonderes Gewicht erhält. Dabei tragen diese meist kritischen und durch die Verfasserin oder den Verfasser subjektiv geprägten Artikelformen zu einer stärkeren Involvierung der Leserinnen und Leser bei. Die Mitarbeiterinnen und Mitarbeiter werden direkter angesprochen und können auch Stellung gegenüber der publizierten Meinung beziehen. Die Publikation wird durch die dialogische Ausrichtung interessanter, was sich beispielsweise an einer größeren Leserbriefzahl bemerkbar macht.

Neben der stärker dialogbetonten Ausrichtung der Mitarbeiterzeitschrift werden aber auch vermehrt journalistische Stilmittel benutzt, welche die Rezeption einfacher und angenehmer gestalten. So wird die Mitarbeiterzeitschrift vermehrt in Rubriken gegliedert. Rubriken verfügen über eine Ordnungsfunktion und erleichtern den Leserinnen und Lesern das Auffinden «ihrer» Themen. Sie stellen ein verbindendes Element zwischen den verschiedenen Ausgaben der Mitarbeiterzeitschrift dar und sorgen durch Kontinuität und Konstanz für eine stärkere Leserinnen- und Leserbindung. Artikel werden aber auch öfter in die Bestandteile Titel, Leadtext, Haupttext mit Untertiteln unterteilt. Auch diese Maßnahme trägt zu einer größeren Leserfreundlichkeit bei und erleichtert den Mitarbeiterinnen und Mitarbeitern die bessere Rezeption der Mitarbeiterzeitschrift.

Neben diesen Entwicklungen auf redaktioneller Seite ist festzustellen, dass die Mitarbeiterzeitschriften immer professioneller gestaltet werden. Begünstigt wird dieser Trend durch die auf dem Markt erhältlichen Desktop-Publishing-Programme, mit denen sich relativ einfach und kostengünstig ansprechende Gestaltungen von Mitarbeiterzeitschriften erzielen lassen. Zudem sind in den meisten Großunternehmen die entsprechenden Systeme und Fachleute bereits in den Werbe- oder Public-Relations-Abteilungen vorhanden. Auch werden vermehrt externe Fachleute oder Agenturen zugezogen.

Störungen der Internen Kommunikation

In Unternehmen gibt es eine Vielzahl von Störungsmöglichkeiten. Dabei sind die Störungen meist in der Organisation der Internen Kommunikation begründet. Fehlende oder mangelhafte Unternehmensregelungen führen dazu, dass die Interne Kommunikation nur bruchstückhaft betrieben wird, Informationen nicht weitergegeben werden und die entsprechenden Stellen nicht rechtzeitig oder nicht umfassend erreichen. Organisatorische Störungen der Internen Kommunikation können je nach Ausprägung und Grad bei den Mitarbeiterinnen und Mitarbeitern zu Verunsicherung, Identifikationsverlust, destruktivem Verhalten, passivem Widerstand, Absentismus oder hoher Fluktuation führen. Ursachen für organisatorische Störungen sind unter anderem:

- Fehlender Konsens in der Unternehmensleitung: Unterschiedliche Ansichten zur Bedeutung der Internen Kommunikation verhindern eine einheitliche Maßnahmenplanung;
- Fehlende Abstimmung der Internen und Externen Kommunikation: Unterschiedliche Kompetenzen verhindern die zeitliche, formale und inhaltliche Integration der internen und externen Maßnahmen und Medien;
- Fehlende Abstimmung innerhalb der Internen Kommunikation: Unterschiedliche Aufgabenbereiche und fehlendes Know-how verhindern die zeitliche, formale und inhaltliche Integration aller internen Maßnahmen und Medien;

- Fehlende Kompetenzen der internen Kommunikationsverantwortlichen: Falsche Positionierung und zu geringe Handlungsvollmachten verhindern eine schnelle und effiziente Umsetzung der Internen Kommunikation.

Organisatorische Störungen wirken sich auf die sprachlichen Handlungen der Angestellten aus. Sie äußern sich in Sprechhandlungen einzelner Mitarbeiterinnen und Mitarbeiter sowie ganzer Mitarbeitergruppen und können zum Teil erhebliche Auswirkungen auf die Interne Kommunikation und das Unternehmen haben. Es existiert eine Fülle von Störungen, die auf sprachlicher Ebene erkannt und beschrieben werden können. Exemplarisch hierfür sind das tarnende Sprachverhalten und das sprachliche Mobbing.

Tarnendes Sprachverhalten

In jedem Unternehmen, auch wenn es von der Unternehmensleitung offen und transparent geführt wird, gibt es Mitarbeiterinnen und Mitarbeiter, die sich zur Wahrung ihres Aufgabengebietes sprachlich abgrenzen. Dabei kann diese Abgrenzung durch sprachliche Verschleierung oder durch sprachliche Überheblichkeitsstrategien umgesetzt werden.

Im ersten Fall werden andere Angestellte durch falsche oder fehlerhafte Aussagen getäuscht, durch Ausweichen auf weniger relevante Fragen abgelenkt oder durch fehlendes oder verzögertes Weiterleiten von wichtigen Informationen behindert.

Im zweiten Fall wird durch sprachliche Überheblichkeitsstrategien versucht, relevanten und zum Teil problematischen Fragen auszuweichen. Dazu zählt beispielsweise das Bloßstellen von

Personen oder das Ins-Lächerliche-Ziehen von Fragen oder Feststellungen. Meist wird eine solche sprachliche Überheblichkeit begleitet von imponierender Selbstdarstellung sowie dem Aufbau einer «Unnahbarkeits- und Allwissenheitsaura». Beide Strategien sind mit machtpolitischen Zielen und Interessen einzelner Mitarbeiterinnen und Mitarbeiter oder Mitarbeitergruppen verbunden. Sie behindern den Fluss der Internen Kommunikation und wirken sich negativ auf das Unternehmen aus.

Wie empirisch nachgewiesen werden konnte, neigen besonders Führungskräfte dazu, Informations- und Kommunikationsbarrieren aufzubauen. Dabei wurde festgestellt, dass die Bereitschaft, Mitarbeiterinnen und Mitarbeiter zu informieren, mit der hierarchischen Ebene der Führungskräfte abnimmt (siehe Abb. auf Seite 60).

Hierarchische Ebene	Empfundene Informationspflicht	
	Ja:	**Nein:**
– Unternehmensleitung und Hauptabteilungsleiter	80%	20%
– Abteilungsleiter	74,5%	25,5%
– Gruppenleiter, Meister usw.	61,8%	38,2%

Basis: 394 Führungskräfte

Quelle: Macharzina (1990:153)

In den Unternehmen muss vor allem auf den unteren Führungsebenen noch viel Überzeugungsarbeit geleistet werden, damit die Vorgesetzten ihre Bedeutung als interne Informations- und Kommunikationszentren erkennen und ihr Verhalten dementsprechend anpassen. Die Nichterfüllung ihrer Orientierungsaufgaben hat dabei entscheidende Auswirkungen auf die Transparenz und den Gesamtinformationsstand der Unternehmen.

Sprachliches Mobbing

Der Begriff Mobbing wurde vom Arbeitswissenschaftler Leymann in den achtziger Jahren entwickelt und fand Anfang der neunziger Jahre Zugang zur breiten Öffentlichkeit. Mit Mobbing werden systematisch betriebene feindselige, schikanierende und letztlich krankmachende Handlungen von Vorgesetzten oder Mitarbeiterinnen und Mitarbeitern verstanden. Zu unterscheiden sind nichtsprachliches und sprachliches Mobbing.

Neben nichtsprachlichen Mobbinghandlungen, wie dem Verordnen degradierender Arbeitsaufgaben, der räumlichen Isolierung der Opfer weitab von Kolleginnen und Kollegen oder der Anwendung körperlicher oder sexueller Gewalt, gibt es eine Fülle von sprachlichen Mobbinghandlungen. Sie können in direktes und indirektes Sprachmobbing unterteilt werden. Zum direkten Sprachmobbing gehören alle unmittelbar vollzogenen sprachlichen Übergriffe auf Mitarbeiterinnen und Mitarbeiter wie beispielsweise ständiges Kritisieren des Aussehens, dauerndes Unterbrechen oder lächerlich machen vor anderen Mitarbeiterinnen und Mitarbeitern. Zum indirekten Sprachmobbing zählen alle über Drittpersonen vollzogenen sprachlichen Attacken wie die Verbreitung von Gerüchten, das Anschwärzen bei Vorgesetzten oder bösartige Verleumdungen (siehe Abb. auf Seite 62).

All diese Handlungen zeichnen sich gegenüber anderen Konflikthandlungen in Unternehmen durch ihre Regelmäßigkeit, ihre kontinuierliche Steigerung, die Beeinträchtigung des Handlungsspielraumes sowie die psychosomatische oder psychiatrische Erkrankung der Opfer aus. Diese Handlungen zu entdecken gestaltet sich äußerst schwierig, da sie in den meisten Fällen keine nachweisbaren Spuren bis zur Erkrankung der Opfer hinterlassen.

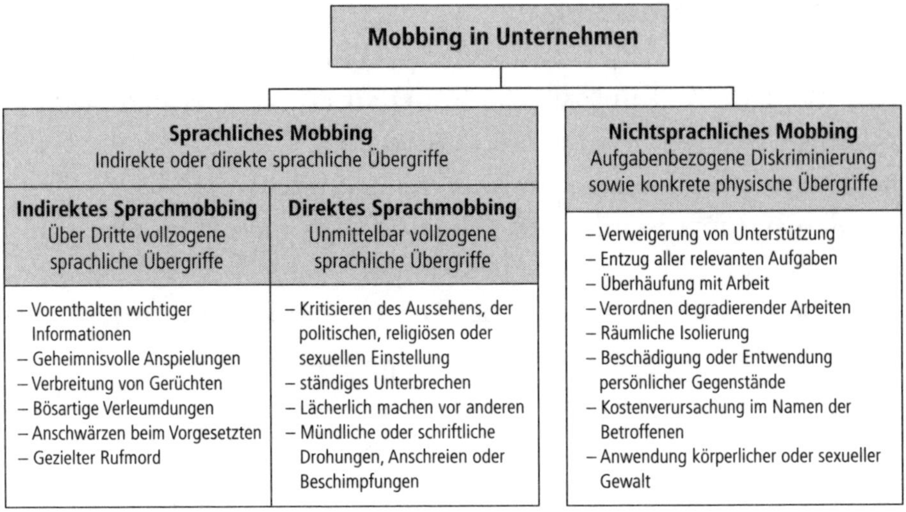

Das beste Mittel gegen alle Formen von Mobbing sind Transparenz und eine dialogorientierte Interne Kommunikation. In offenen Unternehmen greift Mobbing auf weniger Nährboden. Zudem helfen interne Kommunikationsmaßnahmen, wie das Aufgreifen des Themas Mobbing in Bereichs-, Abteilungs- und Teammeetings, Artikel in der Mitarbeiterzeitschrift, periodisch durchgeführte Mitarbeiterbefragungen oder der Beschwerdebriefkasten, Mobbing zu bekämpfen oder erst gar nicht entstehen zu lassen.

Interne Kommunikation in Ausnahmesituationen

Neben den vielschichtigen und anspruchsvollen Aufgaben der Internen Kommunikation im betrieblichen Alltag kommt ihr in Ausnahmesituationen eine besondere Bedeutung zu. Bei Unternehmensrestrukturierungen wie Übernahmen, Verkäufen oder Fusionen werden von ihr zusätzliche Leistungen gefordert. Aber auch bei Unternehmenskrisen wie folgenschweren Fehlentscheidungen der Unternehmensleitung, Unfällen oder Skandalen wird die Interne Kommunikation einer besonderen Belastungsprobe ausgesetzt (siehe Abb. auf Seite 63).

Ausnahmesituationen von Unternehmen

Unternehmensrestrukturierungen (Übernahmen, Verkäufe, Fusionen)	**Unternehmenskrisen (Fehlentscheidungen, Unfälle, Skandale)**
Sich über einen längeren Zeitraum entwickelnde Umbildung des Unternehmens mit folgenden internen Auswirkungen: – Verunsicherung und Aufbau von Existenzängsten bei der einen Mitarbeitergruppe – Aufbruchstimmung und Zukunftschancen bei der anderen Mitarbeitergruppe Beispiele: – Fusion CS/Winterthur – Fusion UBS/Bankverein – Restrukturierung Alcatel (Schweiz)	Plötzlich eintretendes, negatives Ereignis mit grosser öffentlicher Beachtung und folgenden internen Auswirkungen: – Negative Reaktionen der Öffentlichkeit wirken auf die Angestellten – Das Erklärungsbedürfnis gegenüber den Angestellten wächst schnell und unverhofft an Beispiele: – Chemieunfall Schweizerhalle – Absturz der Swissair MD11 – Rückruf Coca-Cola-Flaschen

Bei Unternehmensrestrukturierungen

Unternehmen werden umstrukturiert, Betriebszweige zusammengelegt. Firmenteile werden verlegt, geschlossen oder verkauft, Unternehmen fusionieren. Auf den Chefetagen entwickelt man neue Strategien und verändert Strukturen. Es geht darum, das Fortbestehen des Unternehmens zu sichern und es zu neuen Erfolgen zu führen. Oft werden dabei die Bedürfnisse der Mitarbeiterinnen und Mitarbeiter nach Information und Kommunikation vernachlässigt, und so entstehen Konflikte, die dann meist an die Öffentlichkeit getragen werden.

Zu Beginn jeder Fusion oder Restrukturierung herrscht Verunsicherung, denn eine solche Maßnahme ist immer eine einschneidende Zäsur und eine große psychische Belastung für die Mitarbeiterinnen und Mitarbeiter. Viele Angestellte werden aus ihrem gewohnten sozialen Umfeld gerissen, weil Abteilungen zusammengelegt oder aufgelöst werden. Andere sehen sich um die erhofften Karrierechancen betrogen oder sehen ihre Arbeitsstelle als gefährdet an und bauen Existenzängste auf. Gleichzeitig entsteht aber auch eine Aufbruchstimmung, und es gibt Mitarbeiterinnen und Mitarbeiter, die sich auf die neuen Möglichkeiten und Chancen freuen.

Die Aufgabe der Internen Kommunikation besteht nun darin, den Angestellten in der Bewältigung der Veränderung zu helfen, und zwar mit allen zur Verfügung stehenden Mitteln. Denn ob eine Veränderung von den betroffenen Angestellten abgelehnt oder angenommen wird, hängt vor allem von den Erwartungen über die neue Arbeitssituation und der Einschätzung der eigenen zukünftigen Chancen im umgebildeten Unternehmen ab. Sobald Gerüchte kursieren, beziehen die Betroffenen kommende Veränderungen auf ihren eigenen Arbeitsplatz und beginnen, sich ein eigenes Bild über den Wandel zu konstruieren. Über welchen Zeitraum also müssen die Restrukturierungsmaßnahmen den Mitarbeiterinnen und Mitarbeitern bekannt gegeben werden, in welcher Tonalität und über welche Medien hat dies zu erfolgen?

Dauer der Kommunikationstätigkeit

Häufig läßt sich bei Restrukturierungen beobachten, dass die Unternehmensleitung die einzelnen Veränderungsschritte plant, auf der Führungsebene bespricht und dann die Mitarbeiterinnen und Mitarbeiter mit der plötzlichen Einführung dieser Maßnahmen überrascht. Unternehmen tun sich anscheinend schwer, ihre

Angestellten in Dinge einzubeziehen, die sich noch im Fluss befinden. Informiert wird in der Regel dann, wenn alles klar und entschieden, für die Mitarbeiterinnen und Mitarbeiter aber viel zu spät ist. Zwar ist grundsätzlich jede Art von Kommunikation in einer solchen Situation mit einem gewissen Risiko behaftet, doch gilt dies auch für den Verzicht auf Kommunikation. Denn der ungeschickt eingeleitete Einstieg in den Veränderungsprozess sorgt dafür, dass

- das Konfliktpotenzial bei den Mitarbeiterinnen und Mitarbeitern während der Veränderung steigt;
- die Bereitschaft der Belegschaft sinkt, sachliche Gründe für die Veränderungsschritte zur Kenntnis zu nehmen;
- das Potenzial für intrigante Umgangsweisen zwischen den Mitarbeiterinnen und Mitarbeitern zunimmt;
- sich Fantasien und Gerüchte mit der Veränderung verbinden sowie Ängste und Unsicherheiten wachsen.

Es wäre daher sinnvoll, Führungskräfte sowie Mitarbeiterinnen und Mitarbeiter an den verschiedenen Phasen der Entscheidungsfindung teilhaben zu lassen und sie mit einzubeziehen. Der Dialog mit ihnen muss dabei vor, während und nach der Unternehmensrestrukturierung gesucht werden. Sie müssen schon in einem frühen Stadium über die Ziele, Abläufe und Maßnahmen der Umstrukturierung informiert werden. Veränderungen, die nicht sorgsam begründet werden, nähren Unbehagen und unterschwellige Ängste. Die Folgen davon sind Verunsicherung und Ablehnung der Neuerungen.

Eine Möglichkeit, wie diese Ängste vor und während einer Restrukturierungsphase verringert werden können, demonstrierte die Hypo-Bank bei ihrer Umstrukturierung Mitte der achtziger Jahre in Deutschland. Sie organisierte Workshops, in denen die betroffenen Angestellten ihre Ängste, Sorgen und Bedenken artikulierten und in denen gemeinsam nach Lösungen gesucht wurde. Die Mitarbeiterinnen und Mitarbeiter erarbeiteten rund 350 Lösungsvorschläge zur Verbesserung der Arbeitssituation, die dem Vorstand vorgelegt und die in den Umstrukturierungsprozess aufgenommen wurden.

Während der Restrukturierung darf der einmal initiierte Kommunikationsprozess nicht abgebrochen werden. Strategiewechsel, neue Maßnahmen oder veränderte Rahmenbedingungen müssen den Angestellten beständig dargelegt werden. Ebenso müssen sie über die dadurch entstehenden Veränderungen orientiert werden.

Aber auch in der Schlussphase einer Restrukturierung ist die Interne Kommunikation von großer Bedeutung. In vielen Fällen werden die Mitarbeiterinnen und Mitarbeiter aufgrund der zu starken Vereinnahmung der beteiligten Personen nach Beendigung der Projekte zu wenig über das weitere Vorgehen orientiert. Die Arbeit um die Veränderung ist so anspruchsvoll und schlägt die Unternehmensleitung und Führungskräfte vielfach so in Bann, dass sie nach ihrer Arbeit aufatmen und das Projekt als erledigt betrachten. Dabei fängt die Kommunikationsarbeit nun erst richtig an. Denn es wäre schade, eine teure Restrukturierung zu gefährden, nur weil der Schlusspunkt fehlt: die weiterführende, zukunftsweisende Interne Kommunikation.

Art der Kommunikationstätigkeit

Neben der zeitlichen muss auch eine inhaltliche Einheitlichkeit und generell eine offene, ehrliche und vertrauensbildende Interne Kommunikation in der Restrukturierungsphase eines Unternehmens angestrebt werden. Denn die Glaubwürdigkeit der Unternehmensleitung und Führungskräfte erhält gerade bei Restrukturierungsphasen ein besonderes Gewicht. Ein einmal aufgebautes Vertrauensverhältnis kann auch Turbulenzen während der Restrukturierung überstehen, wenn die Strategie für die Mitarbeiterinnen und Mitarbeiter transparent und nachvollziehbar kommuniziert wird, sie in den Prozess eingebunden sind und das Gefühl haben, dass die soziale Verantwortung im Unternehmen ernst genommen wird.

Gerade bei Veränderungsprozessen kann die Unternehmensleitung die übergeordneten Ziele und Aufgaben nur erfüllen, wenn sie Akzeptanz und Unterstützung bei den Angestellten erlangt. Sie müssen verstehen können, welche Bedeutung die Integration für die langfristige Sicherung des Unternehmens und damit verbunden für die Kundschaft, Lieferanten sowie ihren eigenen Arbeitsplatz hat. Dann verfolgen sie die Ziele der Unternehmensleitung und helfen mit, diese umzusetzen.

Von zentraler Bedeutung während der Restrukturierung ist es, eine Tonalität zu finden, die der angespannten und konfliktträchtigen Situation entspricht. Bei der Übermittlung folgenschwerer Informationen bedarf es eines behutsamen und sukzessiven Vorgehens sowie einer Argumentation, die im Einklang mit zentralen Einstellungen und Überzeugungen der Angestellten steht. Wichtig ist, dass nicht nur das Ziel, sondern immer wieder der Sinn und die Bedeutung der Restrukturierung vermittelt und Antworten auf relevante Fragen der Mitarbeiterinnen und Mitarbeiter gegeben werden, wie zum Beispiel:

- Bleibt mein Arbeitsplatz überhaupt erhalten?
- Welche Auswirkungen haben die Neuerungen auf meine Arbeit?
- Ist meine Abteilung davon besonders betroffen?
- Werde ich dem Neuen gewachsen sein?
- Was muss ich unter Umständen hinzulernen?

- Wie wird mir von Unternehmensseite her geholfen?
- Bieten sich mir andere Arbeitsmöglichkeiten innerhalb des Unternehmens an?

Zudem müssen die Inhalte der Internen und Externen Kommunikation aufeinander abgestimmt sein. Die im Unternehmen erhaltenen Informationen müssen mit den Informationen der öffentlichen Medien übereinstimmen. Beschönigende, vertuschende oder irreführende interne Verlautbarungen führen leicht zum Ausbruch der ohnehin verstärkten Anspannungen und können zu Unmut und Protesten oder gar Streiks oder Massenabwanderungen der Mitarbeiterinnen und Mitarbeiter führen. Verschleiernde Interne Kommunikation hält in solchen Zeiten nicht lange stand. Sie wird spätestens dann aufgedeckt, wenn externe Journalisten Widersprüche und Schwachstellen im Darstellungsprozess entdecken oder Einblicke in problematische Unternehmensbereiche gewähren. Verschleiernde oder täuschende Aussagen führen zum Widerstand der Angestellten und zur Ablehnung gegenüber dem Unternehmen.

Medien der Kommunikationstätigkeit

Die in Restrukturierungsphasen eingesetzten internen Medien müssen die beschriebene zeitliche und inhaltliche Einheitlichkeit wahrnehmen und umsetzen können. Denn vor allem die Integration und Konzentration der internen Medien führt zu einheitlichen, umfassenden und transparenten Veränderungsprozessen. Dies soll anhand zweier Restrukturierungsprojekte und der damit zusammenhängenden Medienleistungen aufgezeigt werden. Es handelt sich dabei um die Restrukturierung eines Unternehmensbereiches der 3M in Deutschland sowie der Alcatel AG in der Schweiz.

Das Unternehmen 3M Deutschland führte 1988 eine umfassende Restrukturierung ihres Geschäftsbereiches Automobilreparatur durch. In diesem Bereich wurden etwa 500 Produkte für die Instandhaltung und Reparatur von Autos wie Schleifpapier, Chemikalien, Klebstoffe oder Atemmasken angeboten. Der Verkauf dieser Produkte erfolgte hauptsächlich durch männliche Außendienstmitarbeiter an Autowerkstätten. Über Jahre stagnierten die Umsätze. Die Außendienstmitarbeiter verstanden ihre Aufgabe als Produktverkäufer ohne Dienstleistungsorientierung. Die Beratungsqualität war dementsprechend niedrig, ihnen fehlten die nötigen Unternehmensinformationen sowie mangelndes Gesprächsführungswissen, sodass sie sich kaum von der Konkurrenz unterschieden. Die Unternehmensleitung war sich dieser Situation bewusst und gleichzeitig von der Gewinn bringenden Führung dieses Bereiches überzeugt. Sie ließ eine Detailanalyse durch eine Beratungsfirma erarbeiten und leitete die Restrukturierung mit verschiedenen Medien der Internen Kommunikation ein.

Den Auftakt bildete ein «Kick-off-Seminar» mit allen Mitarbeitern des Geschäftsbereiches außerhalbs des beruflichen Alltags. Durch diese Tagung sollten der Neuanfang erlebbar gemacht und die Mitarbeiter von Anfang an in den Restrukturierungsprozess mit einbezogen werden. Gemeinsam wurde ein Positionierungsmodell erarbeitet, in dem die momentane und zukünftige Position des Bereiches festgehalten war. Auf der Basis des Positionierungsmodells wurde ein «Mission-Statement» formuliert, welches die Aufgaben und Zielsetzungen des umstrukturierten Bereiches beinhaltete und wie folgt formuliert wurde:

> Unsere Aufgabe ist es, Menschen zu helfen, Autos zu reparieren. Im Mittelpunkt unseres Interesses steht der Kunde. Wir hören zu, kennen seine Prob-

leme und helfen ihm, diese Probleme zu lösen. Jeder Mitarbeiter ist kompetent, zuverläßig und erreichbar. Wir kennen und entwickeln Methoden, die Aufgaben mit möglichst wenig physischem und zeitlichem Aufwand bei höchstmöglichem Qualitätsstandard zu erledigen. Wir helfen, Gesundheitsprobleme, die sich aus Arbeitsabläufen ergeben, zu minimieren.

Nach dem «Kick-off-Seminar» wurden die erarbeiteten Grundlagen mit verschiedenen Maßnahmen umgesetzt. Die Außendienstmitarbeiter erhielten neben der Produktschulung auch Verkaufsgesprächstrainings, in der Mitarbeiterzeitschrift wurden wichtige Punkte nochmals aufgenommen, im «Report to the Employees» wurden die Mitarbeiter direkt über Ergebnisse, Erfolge und Schwierigkeiten des Projektes informiert, und bei einem «Family Day» konnten sich Familienangehörige und Freunde ein Bild über den restrukturierten Geschäftsbereich machen. Eine besondere Bedeutung in dieser Restrukturierung kam der frühzeitigen und umfassenden Einbeziehung der Mitarbeiter in den Kick-off-Seminaren zu. Dadurch signalisierte die Unternehmensleitung, dass sie auch bereit war zuzuhören und den Prozess gemeinsam zu gestalten. Zudem waren die Verknüpfung und Integration der internen Medien sowie deren konsequente Ausrichtung auf ein Ziel hin bestechend. Neben der Integration der Medien kommt aber auch deren Konzentration eine wichtige Bedeutung zu, wie dies die Alcatel Schweiz AG 1996 eindrücklich aufzeigte.

Das Telekommunikationsunternehmen Alcatel Schweiz AG musste 1996 im Bereich Telecom durch den Abgang des damaligen Hauptkunden Telecom PTT schwere Gewinnverluste verbuchen. Dem massiven Stellenabbau (500 von 1500 Arbeitsplätzen wurden gestrichen) begegnete der damalige Bereichsleiter mit einer Kommunikationsoffensive. Dabei setzte er sich über die Order des Alcatel-Mutterhauses hinweg und orientierte die Mitarbeiterinnen und Mitarbeiter kontinuierlich und transparent über die einzelnen Veränderungsschritte des Unternehmens. Anstatt der bisher eingesetzten Vielzahl unterschiedlicher interner Medien konzentrierte man sich nun auf deren vier: E-Mail, die Mitarbeiterzeitschrift, ein Informationsblatt sowie ein persönliches Schreiben des Bereichsleiters an die Privatadressen der Mitarbeiterinnen und Mitarbeiter. In diesen Briefen erläuterte der Bereichsleiter, wie es um die Projekte steht und welche Maßnahmen getroffen werden müssen. Die insgesamt 69 internen Weisungen wurden durch ganze vier ersetzt und das Kommunikationskonzept auf folgende fünf Pfeiler gesetzt:

- Die Vorteile kompromissloser Offenheit überwiegen die Nachteile bei weitem.
- Kommuniziert werden muss auch, dass man etwas (noch) nicht weiß.
- Unverzügliche Kommunikation verhindert Gerüchte, denn jedes Informationsvakuum wird immer und rasch mit Meinungen, Vermutungen und vorzugsweise Negativem aufgefüllt.
- Jegliche Kommunikation muss schlüssig sein. Der Bezug zu bereits Gesagtem muss auch über einen längeren Zeitraum mühelos herstellbar sein. Dadurch werden das Verständnis und die Akzeptanz für Maßnahmen signifikant erhöht. Dies kann aber nur geschehen, wenn die großen Strategien und Visionen kommuniziert werden.
- Interne Kommunikation ist Chefsache.

Bei Unternehmenskrisen

Bei Krisensituationen in Unternehmen wie folgenschweren Fehlentscheidungen des Managements, Unfällen oder Skandalen muss die Interne Kommunikation besondere Aufgaben wahrnehmen.

In solchen Situationen müssen die Mitarbeiterinnen und Mitarbeiter schnell, wahrheitsgetreu und verständlich benachrichtigt werden. Die Benachrichtigung muss sofort geschehen, weil das Management die Initiative nicht anderen überlassen darf und so größeren Schaden vermeiden kann. Wahrheitsgetreu muss die Benachrichtigung sein, weil die in Unternehmen noch vielfach anzutreffende «Schönfärberei» in einer solchen Situation zu noch mehr Unsicherheit und Beunruhigung führt. Ebenso ruft die komplizierte und unverständliche Vermittlung einer Maßnahme oder Situation Verwirrung und Skepsis bei den Mitarbeiterinnen und Mitarbeitern hervor.

Vor allem die Geschwindigkeit in der Umsetzung der Maßnahmen ist entscheidend. Krisen erzeugen Zeitdruck, die Zeitspanne für Gegenmaßnahmen ist begrenzt. Je weiter sich die Krise zuspitzt, desto mehr Handlungsalternativen werden vernichtet und umso höher steigen die Anforderungen an die Krisenbewältigung.

Handeln in einer Krisensituation bedeutet, dass die zur Planung verfügbare Zeit verkürzt ist. Damit reduzieren sich die Möglichkeiten, die Folgen von Handlungen durchzukalkulieren und Varianten zu prüfen. In einer Krise bleibt keine Zeit, Krisenstäbe zu trainieren, Dokumentationen zu erarbeiten, Adresslisten der betreffenden Ansprechpartner zusammenzustellen oder gar Strategien und Maßnahmenpläne zu erarbeiten. Dies muss früher geschehen und bei einer Krise «auf Knopfdruck» abrufbar sein. Wie also kann die Interne Kommunikation für solche Situationen vorbereitet werden?

Damit die Kommunikation unter dem Zeitdruck, der bei Unternehmenskrisen herrscht, nicht versagt, sollte ein kommunikativer Krisenplan vorhanden sein, welcher trainiert und jederzeit anwendbar ist. So führt beispielsweise das Unternehmen 3M

Deutschland regelmäßig so genannte «Intern Trainings Crisis Communication» mit allen Verantwortlichen und Medienbeauftragten durch, um für einen möglichen Ernstfall auch intern gewappnet zu sein. Dabei hat der Krisenplan die speziellen Rahmenbedingungen solcher Situationen zu berücksichtigen. In einer Krise zerstören überraschende Ereignisse vorgeplante Strukturen, sodass immer eine hochgradig intransparente Problemlage entsteht. Diese mangelnde Transparenz wird durch weitere Faktoren verschärft. Krisen berühren in der Regel viele unterschiedliche Unternehmensbereiche, und die Krisenursachen stehen untereinander in komplexen Wechselwirkungen. Zudem spitzt sich eine Krise ständig zu und hat eine hohe Eigendynamik. Diese Begebenheiten muss ein Krisenplan berücksichtigen und in einem Ernstfall umsetzen können. Bei der internen Umsetzung des Krisenplanes sollten vor allem Krisenbesprechungen durchgeführt werden, in denen die Unternehmensleitung mit den Kommunikationsspezialisten in regelmäßiger Folge den Mitarbeiterinnen und Mitarbeitern den Stand der Maßnahmen und den Ausweg aus der bestehenden Krise aufzeigt. Dabei kommt vor allem der Orientierung über die konkreten zukünftigen Schritte sowie der Fähigkeit, auch auf die Fragen der Mitarbeiterinnen und Mitarbeiter eingehen zu können, größte Priorität zu.

In der Praxis zeigte sich noch bis vor kurzem, dass Vorbereitungen auf einen Krisenfall durch die Ausarbeitung eines Krisenplans oder die Hinzuziehung externer Kommunikationsberater meist erst dann erfolgten, wenn es schon zu spät war oder nachdem ein Unternehmen negative Erfahrungen in diesem Bereich gesammelt hatte und sich für die Zukunft vorbereiten wollte. Eine Wende dieser Einstellung brachte der Absturz der Swissair MD11 vor Halifax und die damit verbundene interne und externe, bis dahin in der Schweiz noch nicht gesehene umfassende

Kommunikationsleistung der Abteilung Corporate Communications der SAirGroup. Durch ihre transparente, ehrliche, aktive und dynamische Kommunikation schaffte es das Unternehmen, nicht nur die größte Krise in seiner Geschichte zu meistern, sondern zusätzlich Goodwill bei der Bevölkerung sowie den Mitarbeiterinnen und Mitarbeitern aufzubauen. Über 150 Unternehmen wollten von der SAirGroup nach der Krise von deren Erfahrungen lernen und baten um Vorträge und Berichterstattungen zur Krisenkommunikation. Die in der Krise von Halifax erbrachten Kommunikationsleistungen dürften die SAirGroup rund eine Millionen Euro gekostet haben, doch schufen sie Glaubwürdigkeit und Akzeptanz in einem umfassenden Ausmaß und trugen zu einem – für Krisensituationen ungewöhnlichen – positiven internen und externen Unternehmensimage bei.

Auch das Swissair-Desaster im Oktober 2001 ändert nichts daran, dass hier eine bemerkenswerte Kommunikationsarbeit geleistet wurde.

I. Wie funktioniert Interne Kommunikation in der Praxis?

Die nun folgenden Ergebnisse der 1998 durchgeführten Untersuchung vermitteln den aktuellen Stand der Internen Kommunikation in internationalen Großunternehmen. Durch standardisierte Telefoninterviews mit Kommunikationsverantwortlichen sowie mit Textanalysen von Mitarbeiterzeitschriften-Editorials wurde ermittelt, welche Bedeutung der Internen Kommunikation zugeschrieben wird und welchen organisatorischen und sprachlichen Entwicklungsstand sie effektiv hat. Die Untersuchung wurde nach wissenschaftlichen Kriterien durchgeführt und ist für große Unternehmen repräsentativ. Die Ergebnise können leicht auf internationale Verhältnisse übertragen werden, die sich in dieser oder ähnlicher Form in den meisten Unternehmen wiederfinden.

Grundsätzlich lässt sich dabei feststellen, dass rund zwei Drittel der Unternehmen Interne Kommunikation als interne Information betreiben und sowohl auf organisatorischer wie auch auf sprachlicher Ebene ein dialogisches Defizit aufweisen. Sie verfügen weder über die notwendigen Organisationsstrukturen noch über die entsprechenden Sprachkonzepte, um Interne Kommunikation dialogisch betreiben zu können. So werden die Mitarbeiterinnen und Mitarbeiter erst bei etwa einem Drittel aller Großunternehmen in den Entscheidungsprozess der Unternehmensleitung mit einbezogen und über das Warum und Weshalb von Unternehmensentscheidungen orientiert. Auch werden sie kaum nach ihren Meinungen, Ideen, Wünschen oder Besorgnissen gefragt, und zwischenmenschlich-soziale Kontakte werden nur in geringem Maße gefördert.

Die Untersuchung der Organisation

In der ersten Untersuchungsphase wurde die Organisation der Internen Kommunikation durch Telefoninterwievs mit Kommunikationsverantwortlichen großer Unternehmen ermittelt. Dabei wurden nur Unternehmen mit mehr als 100 Mitarbeiterinnen und Mitarbeiter angefragt. Grundlage der Interviews bildete ein schriftlich vorbereiteter Fragebogen, der vor Untersuchungsstart mehrfach getestet wurde. In persönlichen Interviews mit Kommunikationsverantwortlichen von sechs Schweizer Großunternehmen wurde überprüft, ob die Fragen plausibel sind und innerhalb von 15 bis 20 Minuten beantwortet werden können. In gleicher Weise wurde der Fragebogen in einem zweiten Schritt mit Sprachwissenschaftlern der Universität Zürich sowie mit professionellen Markt- und Meinungsforschern bearbeitet.

Dabei wurde darauf geachtet, dass der Fragebogen alle relevanten Themenbereiche zur Organisation (Aufgaben, Verantwortlichkeiten, Medien etc.) sowie zur Einstellung gegenüber der Internen Kommunikation (Bedeutung, Verbesserungsmaßnahmen etc.) beinhaltete.

Teil I	Organisation der Internen K	
1.	Sind in Ihrem Unternehmen eine oder mehrere Personen verantwortlich für Interne Kommunikation? 1 Person .... ☐ 1 → 1a Mehrere Personen .... ☐ 2 → 1b Keine Person .... ☐ 3 → 3	
1a.	Wer ist in Ihrem Unternehmen verantwortlich für Interne Kommunikation? Ist dies der ... (Nur 1 Antwort ankreuzen) Unternehmensleiter .... ☐ 1 Marketingleiter .... ☐ 2 Personalleiter .... ☐ 3 PR-Leiter .... ☐ 4 Werbeleiter .... ☐ 5 Spezialisierter Manager für Interne Kommunikation .... ☐ 6 Andere, bis jetzt nicht erwähnte Person, welche? .... ☐ 7	
1b.	Wer alles ist in Ihrem Unternehmen verantwortlich für Interne Kommunikation? Ist dies der ... (Mehrere Antworten ankreuzen) Unternehmensleiter .... ☐ 1 Marketingleiter .... ☐ 2 Personalleiter .... ☐ 3 PR-Leiter .... ☐ 4 Werbeleiter .... ☐ 5 Spezialisierter Manager für Interne Kommunikation .... ☐ 6 Andere, bis jetzt nicht erwähnte Person, welche? .... ☐ 7	
2.	Was sind die Aufgaben des Verantwortlichen für Interne Kommunikation? Gehört dazu die .... Organisation von Mitarbeiterveranstaltungen .... ☐ 1 Führung der Mitarbeiterzeitschrift .... ☐ 2 Durchführung von Mitarbeiterbefragungen .... ☐ 3 Schaffung von Kommunikationsplattformen für das Kader .... ☐ 4 Schaffung von Kommunikationsplattformen für die Mitarbeiter .... ☐ 5 Führung von Internet/Intranet .... ☐ 6 Führung von Corporate TV .... ☐ 7	
2a.	Welches sind weitere, nicht genannte Aufgaben des Verantwortlichen für Interne Kommunikation? ____________________ ____________________ ____________________	
3.	Verfügt Ihr Unternehmen über Richtlinien, in der die Aufgaben und Ziele der Internen Kommunikation festgelegt sind? Ja .... ☐ 1 → 4 Nein .... ☐ 2 → 5	
4.	In welcher Form sind diese Richtlinien vorhanden? Sind diese ... Schriftlich fixiert und detailliert formuliert .... ☐ 1 Schriftlich fixiert und allgemein formuliert .... ☐ 2 Vorhanden, aber nicht schriftlich fixiert .... ☐ 3	

5.	Verfügt Ihr Unternehmen über eine spezialisierte Abteilung für Interne Kommunikation? Ja .... □ 1 → 5a Nein .... □ 2 → 6	
5a.	Ist die Abteilung Interne Kommunikation eine Stabsstelle? Ja .... □ 1 → 5b Nein .... □ 2 → 6	
5b.	Wie viele Mitarbeiter arbeiten in der Abteilung Interne Kommunikation? Zahl: .... □ 1	
6.	Wie viele Mitarbeiter arbeiten in der Abteilung Marketing? Zahl: .... □ 2	
7.	Wie wichtig sind die folgenden internen Medien in Ihrem Unternehmen? Bitte sagen Sie mir, ob diese sehr wichtig, wichtig, weniger wichtig, nicht wichtig sind oder ob sie nicht eingesetzt werden:	

	sehr wichtig	wichtig	weniger wichtig	nicht wichtig	nicht eingesetzt
Mitarbeiterzeitschrift	□ 1	□ 2	□ 3	□ 4	□ 5
Schriftliche Informationen an das Kader	□ 1	□ 2	□ 3	□ 4	□ 5
Schriftliche Informationen an alle Mitarbeiter	□ 1	□ 2	□ 3	□ 4	□ 5
Intranet/Internet	□ 1	□ 2	□ 3	□ 4	□ 5
E-Mail	□ 1	□ 2	□ 3	□ 4	□ 5
Corporate TV	□ 1	□ 2	□ 3	□ 4	□ 5
Beschwerdebriefkasten (elektr. oder physisch)	□ 1	□ 2	□ 3	□ 4	□ 5
Informationstafeln (schwarzes Brett)	□ 1	□ 2	□ 3	□ 4	□ 5
Pressespiegel (Gesammelte Presseberichte über das Unternehmen)	□ 1	□ 2	□ 3	□ 4	□ 5
Unternehmensdokumentation für neue Mitarbeiter..	□ 1	□ 2	□ 3	□ 4	□ 5

7a.	Welches sind weitere, nicht genannte Interne Medien in Ihrem Unternehmen? ________________ ________________ ________________	
8.	Wie oft erscheint Ihre Mitarbeiterzeitschrift pro Jahr? Zahl: .... □ 1 Weiß nicht: .... □ 2	

9.	Wie wichtig erachten Sie die folgenden Informationen innerhalb Ihrer Mitarbeiterzeitschrift? Bitte sagen Sie mir, ob diese sehr wichtig, wichtig, weniger wichtig oder nicht wichtig sind:	

	sehr wichtig	wichtig	weniger wichtig	nicht wichtig
Informationen über neue Aufträge	☐ 1	☐ 2	☐ 3	☐ 4
Informationen über die Einführung neuer Produkte	☐ 1	☐ 2	☐ 3	☐ 4
Hinweise zur zukünftigen Entwicklung des Unternehmens	☐ 1	☐ 2	☐ 3	☐ 4
Vorstellung einzelner Abteilungen	☐ 1	☐ 2	☐ 3	☐ 4
Informationen über offene Stellen innerhalb des Unternehmens	☐ 1	☐ 2	☐ 3	☐ 4
Neuigkeiten über Mitarbeiterinnen und Mitarbeiter	☐ 1	☐ 2	☐ 3	☐ 4
Aktuelle allgemeine Sachthemen	☐ 1	☐ 2	☐ 3	☐ 4

10. Wie viele Untersuchungen zur Mitarbeiterzufriedenheit und -motivation wurden in Ihrem Unternehmen in den letzten 3 Jahren durchgeführt?

Zahl:	☐ 1
Weiss nicht:	☐ 2

Teil II Beurteilung der Internen Kommunikation

11. Wie beurteilen Sie die Interne Kommunikation in Ihrem Unternehmen? Ist diese ...

(Mehrere Antworten ankreuzen)

Schnell	☐ 1
Sympathisch	☐ 2
Transparent	☐ 3
Informationslastig	☐ 4
Strukturiert	☐ 5
Ehrlich	☐ 6
Sachlich	☐ 7
Trocken	☐ 8
Verständlich	☐ 9
Ausreichend	☐ 10

12. Wie hoch schätzen Sie das Optimierungspotenzial im Bereich der Internen Kommunikation in Ihrem Unternehmen ein? Ist dies sehr hoch, hoch, weniger hoch oder nicht hoch in Bezug auf folgende Massnahmen:

	sehr hoch	hoch	weniger hoch	nicht hoch
Verbesserung der Mitarbeiterzeitschrift	☐ 1	☐ 2	☐ 3	☐ 4
Einführung moderner Kommunikationsinstrumente wie Internet/Intranet, Corporate TV usw	☐ 1	☐ 2	☐ 3	☐ 4
Verbesserung der Informationsflusses der Unternehmensleitung an die Mitarbeiter	☐ 1	☐ 2	☐ 3	☐ 4
Verbesserung der persönlichen Kontakte zwischen Unternehmensleitung und Mitarbeitern	☐ 1	☐ 2	☐ 3	☐ 4

13. Gerne würden wir Ihnen noch zwei generelle Fragen zum Thema Interne Kommunikation stellen. Sind die folgenden Aussagen Ihrer Meinung nach sehr zutreffend, zutreffend, weniger zutreffend oder nicht zutreffend?

	sehr zutreffend	zutreffend	weniger zutreffend	nicht zutreffend
Interne Kommunikation erhöht die Motivation und Leistungsbereitschaft der Mitarbeiter	☐ 1	☐ 2	☐ 3	☐ 4
Interne Kommunikation kostet unnötig viel Geld	☐ 1	☐ 2	☐ 3	☐ 4
Interne Kommunikation verringert Konflikte	☐ 1	☐ 2	☐ 3	☐ 4
Interne Kommunikation ist ein noch nicht ausgeschöpfter Wettbewerbsfaktor für die Zukunft	☐ 1	☐ 2	☐ 3	☐ 4

14. Welche Bedeutung messen Sie der Internen Kommunikation in der Zukunft bei? Welche Vision haben Sie?

____

____

____

____

____

____

____

____

Teil III Statistik

Dürfen wir Ihnen für die statistische Auswertung abschließend noch ein paar Fragen bezüglich Ihrer Person und Ihrer Stellung im Unternehmen stellen?

Wie alt sind Sie

- –35 Jahre alt ☐ 1
- 36–49 Jahre alt ☐ 2
- 50+ Jahre alt ☐ 3

Was ist Ihre letzte abgeschlossene Schulbildung?

- Berufs-/Gewerbe-/Handelsschule ☐ 1
- Mittelschule/Technikum/HWV ☐ 2
- Universität/ETH/Polytechnikum ☐ 3
- Werbeleiter ☐ 4
- Marketingplaner ☐ 5
- Marketingleiter ☐ 6
- Doktorat ☐ 7
- MBA ☐ 8
- Andere, nämlich:

____

	In welcher Stufe ist Ihr Verantwortungsbereich angesiedelt?	
	Oberes Kader ☐ 1 Mittleres Kader ☐ 2 Unteres Kader ☐ 3 Kaufmännisch/technische(r) Angestellte(r) ☐ 4	

Wäre es möglich, dass Sie uns noch eine Mitarbeiterzeitschrift Ihres Unternehmens zustellen?

Vielen Dank für die wertvolle Unterstützung dieser Untersuchung. Auf Wiederhören.

Unternehmen:	Auskunftsperson	Befragung durchgeführt von:
______	Name: ______	Name: ______
______	Vorname: ______	Vorname: ______
______	Funktion: ______	Datum: ______
______	Tel.: ______	Zeit: ______
______	Homepage: ______	______
Branche: ______	Sprachregion: ______	Anzahl MA: ______

Die Untersuchung der Sprache

In der zweiten Untersuchungsphase wurde die Sprache der Internen Kommunikation mittels textlinguistischer Analyse von Mitarbeiterzeitschriften-Editorials untersucht. Durch die Textanalyse sollte herausgefunden werden, ob und wie sich das dialogische Defizit der Internen Kommunikation in konkreten Texten zeigt und in welchem Zusammenhang dabei die Kommunikationsabsichten der Autorinnen und Autoren stehen.

Für die Untersuchung der Sprache wurden Mitarbeiterzeitschriften ausgewählt, weil sie in den meisten Großunternehmen publiziert werden und als eines der wenigen internen Medien auch einer externen Person zugänglich sind.

Um innerhalb dieses Mediums einen möglichst vergleichbaren Texttypus analysieren zu können, wurden die Editorials ausgewählt. Sie kommen in praktisch allen Mitarbeiterzeitschriften vor und stellen so die Vergleichbarkeit einer bestimmten Textsorte sicher. Da die Editorials zudem von hierarchisch unterschiedlich gestellten Personen verfasst wurden (Unternehmensleitungsmitglieder, Kommunikationsverantwortliche und Redaktionsmitglieder), lassen sich verschiedene kommunikative Absichten der Autorinnen und Autoren eruieren.

Die Auswahl der Unternehmen

Die Auswahl der Unternehmen basiert auf Daten des schweizerischen Bundesamtes für Statistik (BFS). Aus dem offiziellen Datenstamm wurde eine geschichtete Zufallsstichprobe (Quotenstichprobe) gezogen, welche die Unternehmen der deutschen, französischen und italienischen Schweiz berücksichtigte.

Als grundsätzliches Unterscheidungsmerkmal wurde die Größe nach Anzahl Mitarbeiterinnen und Mitarbeiter, als sekundäres die Wirtschaftsart der Unternehmen bestimmt. Die erste Quote beinhaltete Dienstleistungs- und Sachleistungsunternehmen mit 200–499 und die dritte Unternehmen mit 500 und mehr Mitarbeiterinnen und Mitarbeiter. Aus der Grundgesamtheit wurden 222 Adressen per Zufallsstichprobe gezogen, wovon 156 Telefoninterviews und somit 0,5 Prozent aller Unternehmen der Grundgesamtheit realisiert werden konnten (siehe Abb. auf Seite 83). Die prozentualen Differenzen innerhalb der Quoten resultieren aus verweigerten Interviews oder nicht erreichbaren Kommunikationsverantwortlichen.

Unternehmensart	Grundgesamtheit	Realisierte Interviews
100–199 Angestellte	1738 (56%)	68 (44%)
200–499 Angestellte	937 (30%)	58 (37%)
500 und mehr Angestellte	435 (14%)	30 (19%)
Dienstleistungsunternehmen	1655 (53%)	99 (63%)
Sachleistungsunternehmen	1455 (47%)	57 (37%)
Total	3110 (100%)	156 (100%)

Ergebnisse zur Organisation der Internen Kommunikation

Die Untersuchung macht deutlich, dass nur wenige Großunternehmen über Organisationsstrukturen für eine dialogische Interne Kommunikation verfügen. Aufgrund fehlender Mitarbeiterbefragungen haben sie keinen Einblick in die Einstellungen und Bedürfnisse ihrer Mitarbeiterinnen und Mitarbeiter. Auch können sie die genannten dialogorientierten Aufgaben aufgrund mangelnder personeller Kapazitäten sowie fehlender Dialogmedien nicht umsetzen. Schließlich wird deutlich, dass erst vereinzelt spezialisierte interne Kommunikationsmanager für die Interne Kommunikation verantwortlich sind (siehe Abb. Seite 83).

	Verantwortlichkeiten	Aufgaben der Verantwortl.	Interne Medien	Mitarbeiterbefragungen	Abteilung für Interne Komm.	Richtlinien für Interne Komm.
Ergebnis	Unternehmens- und Personalleiter, nicht aber spezialisierte Manager sind verantwortlich für Interne Kommunikation.	Hauptaufgaben sind auf einen dialogischen Austausch zw. Unternehmensleitung und Angestellte ausgerichtet.	Dialogische Aufgaben können mit den eingesetzten Informationsmedien nicht umgesetzt werden.	Nur ca. ein Drittel aller Unternehmen führt regelmäßig Mitarbeiterbefragungen durch.	Nur ca. ein Drittel aller Unternehmen verfügt über eine spez. Abteilung für Interne Kommunikation.	Die meisten Unternehmen verfügen über schriftlich festgehaltene Richtlinien zur Internen Kommunikation.
Unterschiede nach Größe	In Unternehmen mit 500 und mehr Angestellten nehmen mehr PR-Leiter die Verantwortlichkeiten wahr.	In Unternehmen mit 500 und mehr Angestellten werden Intranet/Internet als wichtiger eingestuft.	In Unternehmen mit 500 und mehr Angestellten werden Intranet/Internet und die Mitarbeiterzeitschrift mehr eingesetzt.	Homogene Antworten nach Unternehmensgröße.	Homogene Antworten nach Unternehmensgröße.	Homogene Antworten nach Unternehmensgröße.
Unterschiede nach Wirtschaftsart	Homogene Antworten nach Wirtschaftsart.	Homogene Antworten nach Wirtschaftsart.	Homogene Antworten nach Wirtschaftsart.	Homogene Antworten nach Wirtschaftsart.	Homogene Antworten nach Wirtschaftsart.	Homogene Antworten nach Wirtschaftsart.

Verantwortlichkeiten

In vier von fünf großen Unternehmen nimmt eine Person aus der Unternehmensleitung die direkte Verantwortung für Interne Kommunikation wahr (Strategieverantwortlichkeit). Daneben sind vor allem Personalleiterinnen und -leiter sowie in geringerem Maße Public-Relations- und Marketing-Verantwortliche für die Umsetzung der Internen Kommunikation verantwortlich (Umsetzungsverantwortlichkeit). Spezialisierte Managerinnen oder Manager stehen nur in seltenen Fällen der Internen Kommunikation vor. Zwei Prozent der befragten Unternehmen verfügen über keine verantwortliche Person für Interne Kommunikation.

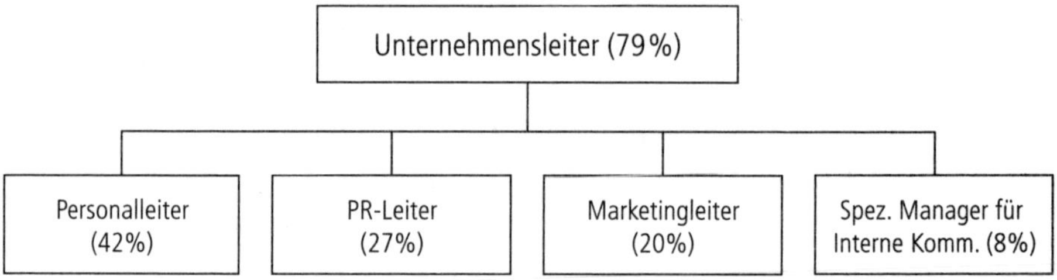

Basis: 156 Kommunikationsverantwortliche

Die Verantwortlichkeiten im Bereich der Internen Kommunikation sind hierarchisch hoch angesiedelt. Veränderungen und Verbesserungen innerhalb dieser Kommunikationsdisziplin bedürfen der Zustimmung der Unternehmensleitung. Sie muss daher primär für die Verbesserung der Internen Kommunikation gewonnen werden. In 40 von 156 befragten Unternehmen ist der Unternehmensleiter sogar die einzige verantwortliche Person für Interne Kommunikation.

Hier ist es jedoch mehr als fraglich, ob diese Person die nötige

Zeit aufwenden kann, um die anspruchsvollen und vielseitigen Aufgaben wahrzunehmen sowie regelmäßig relevante Innovationen auf diesem Gebiet ins Unternehmen einfließen zu lassen.

Die Umsetzung der Internen Kommunikation gehört zum Großteil in den Verantwortungsbereich von Personal-, Public-Relations- und Marketing-Leitung und nur zu einem verschwindend kleinen Teil in die Kompetenz einer spezialisierten internen Kommunikationsmanagerin oder eines Kommunikationsmanagers. Dies ist erstaunlich, könnten diese Personen doch spezialisiertes Fachwissen in der Entwicklung und Umsetzung interner Kommunikationsmaßnahmen einfließen lassen und somit die Interne Kommunikation professioneller gestalten. Eine solche Einstellung scheint sich jedoch in der Praxis noch nicht auf breiter Basis etabliert zu haben.

Aufgaben der Verantwortlichen

Zu den Hauptaufgaben der (Umsetzungs-)Verantwortlichen für Interne Kommunikation zählen die Organisation von Mitarbeiterveranstaltungen, die Schaffung von Kommunikationsplattformen für das Management und die Angestellten sowie die Durchführung von Mitarbeiterbefragungen. Weiter leiten sie die Kommunikation via Intranet/Internet und die Mitarbeiterzeitschrift. Die Führung von Corporate TV wird nicht als wichtige Aufgabe der Verantwortlichen für Interne Kommunikation eingestuft.

Einsatz der internen Medien

In den befragten Unternehmen werden für die Interne Kommunikation hauptsächlich Medien eingesetzt, die Informationen der Unternehmensleitung an das Management und die Angestellten transportieren. Daneben kommen vor allem Dokumentationen für neue Angestellte, Informationstafeln, E-Mail und das Intranet zum Einsatz. Erst in etwas mehr als der Hälfte aller Großunternehmen gibt es einen Beschwerdebriefkasten. Zudem hat Corporate-TV noch praktisch keinen Eingang in die Kommunikationspraxis großer Unternehmen gefunden.

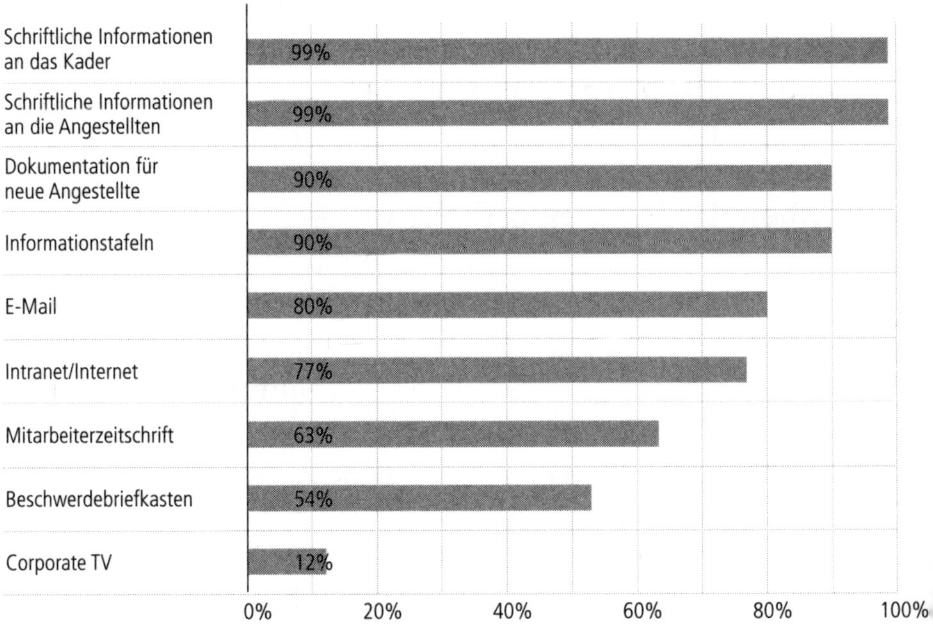

Bemerkenswert ist, wie sehr sich moderne Medien in der Internen Kommunikation durchgesetzt haben: 77 Prozent der befragten Unternehmen benutzen bereits das Intranet und sogar 80 Prozent das E-Mail für die Interne Kommunikation.

Hingegen erstaunt der relativ hohe Anteil von Unternehmen, die ihre Mitarbeiterzeitschrift nicht regelmäßig publizieren: 37 Prozent aller befragten Großunternehmen geben keine Mitarbeiterzeitschrift heraus oder publizieren sie nur in unregelmäßigen Abständen.

Die in der Theorie anzutreffende Feststellung, dass die Mitarbeiterzeitschrift das am weitesten verbreitete Medium der Internen Kommunikation ist, lässt sich in dieser Untersuchung nicht bestätigen. Der hohe Prozentsatz von Unternehmen, die keine Mitarbeiterzeitschrift einsetzen, mag auf den relativ großen Aufwand bei der Konzeption, Realisation und Produktion zurückzuführen sein. Dennoch wird dadurch auf ein Medium verzichtet, das regelmäßig und unternehmensweit wichtige Themen aufnehmen und erklären sowie den Dialog mit den Mitarbeitern initiieren und führen kann.

Ähnlich sieht die Beziehung zwischen Aufgabenstellung und Umsetzung auch bei Corporate TV aus. Nur gerade bei drei Prozent wird die Führung dieses Mediums im Aufgabenbereich des Verantwortlichen für Interne Kommunikation gesehen, und tatsächlich setzen auch erst sehr wenige Unternehmen Corporate TV ein (12 Prozent). Da vor allem Großunternehmen mit mehr als 500 Mitarbeitern am meisten von diesem neuen Medium profitieren, findet es sich in dieser Klasse auch am stärksten vertreten. Dennoch überrascht der geringe Anteil von Unternehmen, die Corporate TV einsetzen, haben doch die Sendungen der Swiss Re oder der SAir Group (Swissair) mit diesem Medium Erfolge verbuchen und eine beachtliche Publizität gewinnen können.

Es stellt sich nun die Frage, ob die genannten Aufgaben auch effektiv mit den vorhandenen internen Medien umgesetzt werden können. Eine Übereinstimmung zwischen den genannten

Aufgaben und den tatsächlich eingesetzten internen Medien findet sich beim Intranet/Internet, der Mitarbeiterzeitschrift und dem Corporate TV. Doch wie verhält es sich mit den genannten dialogorientierten Aufgaben? Werden die Mitarbeiterveranstaltungen, die Kommunikationsplattformen für das Management und die Angestellten sowie die Mitarbeiterbefragungen auch tatsächlich umgesetzt?

Es zeigt sich, dass diese Aufgaben mit den eingesetzten schriftlichen Informationsmedien nicht umgesetzt werden können. Die vorrangig eingesetzten schriftlichen Informationen, die Dokumentation für neue Mitarbeiterinnen und Mitarbeiter sowie die Informationstafeln vermögen lediglich Informationen der Unternehmensleitung an das Kader und die Mitarbeiterinnen und Mitarbeiter – also von oben nach unten – zu transportieren.

Zudem kommt der Beschwerdebriefkasten, welcher den Mitarbeiterinnen und Mitarbeitern Möglichkeiten bietet, Probleme, Wünsche, Ideen und Anregungen an die Unternehmensleitung zu richten, nur in etwas mehr als der Hälfte aller Unternehmen zum Einsatz. Dieses Medium wäre jedoch ein wichtiger Bestandteil in der Pflege des Austauschprozesses zwischen Unternehmensleitung und Angestellten. Das Defizit an dialogischen internen Medien ist bei allen Unternehmensgrößen sowie in Sachleistungs- und Dienstleistungsunternehmen festzustellen.

Mitarbeiterbefragungen

Obwohl 84 Prozent der befragten Kommunikationsverantwortlichen die Durchführung von Mitarbeiterbefragungen als Aufgabe der Internen Kommunikation in ihrem Unternehmen bezeichneten, führt nur ein Drittel aller Unternehmen mindestens einmal pro Jahr eine entsprechende Untersuchung durch. Mehr als ein Fünftel der befragten Unternehmen führte in den vergangenen drei Jahren keine Mitarbeiterbefragungen, und weitere 50 Prozent führen nur ab und zu solche Studien durch.

Dabei verzichten diese Unternehmen auf eine Vielzahl von Vorteilen dieses Analyse- und Diagnoseinstrumentes. Regelmäßig durchgeführte Befragungen zeigen nämlich den Grad und Verlauf der Mitarbeiterzufriedenheit auf und können in Entstehung begriffene Probleme frühzeitig lokalisieren. Zudem kann die Akzeptanz geplanter Veränderungen vorab geprüft sowie der Erfolg bereits eingeführter Maßnahmen verifiziert werden.

Mitarbeiterbefragungen verringern aber auch die Distanz zwischen Unternehmensleitung und Angestellten, tragen zur Erhöhung der Arbeitszufriedenheit bei und stellen den zielgruppengerechten Einsatz interner Medien sicher, denn nur wenn die Einstellungen und Bedürfnisse der Mitarbeiterinnen und Mitarbeiter bekannt sind, können Medien realisiert werden, welche für die Angestellten relevante Inhalte vermitteln und von ihnen auch angenommen werden. Ohne vorhandenes Wissen über die Einstellungen und Bedürfnisse der Mitarbeiterinnen und Mitarbeiter kann kein Austauschprozess stattfinden.

Abteilungen für Interne Kommunikation

Auch erst knapp ein Drittel aller befragten Unternehmen verfügt über eine spezialisierte Abteilung für Interne Kommunikation. Es fehlen in der Regel die entsprechenden Fachkräfte, welche die Vielzahl von bedeutenden Serviceleistungen für die Mitarbeiterinnen und Mitarbeiter wahrnehmen könnten.

Unternehmen mit einer spezialisierten Abteilung für Interne

Kommunikation haben diese in 87 Prozent aller Fälle als Stabsstelle positioniert und somit direkt der Unternehmensleitung unterstellt. Zudem arbeiten in diesen Fällen genügend Mitarbeiterinnen und Mitarbeiter, um die anfallenden Aufgaben auch umsetzen zu können: in Unternehmen mit 100 bis 199 Mitarbeitern sind es durchschnittlich ein bis zwei Personen, in Unternehmen mit mehr als 200 Mitarbeitern sind es drei bis fünf Personen, die in der Abteilung für Interne Kommunikation beschäftigt sind.

Generelle Beurteilung

Der Internen Kommunikation wird in der Praxis eine große Bedeutung beigemessen. Unbestritten ist für praktisch alle befragten Kommunikationsfachleute, dass sich gute Interne Kommunikation positiv auf die Motivation und Leistungsbereitschaft der Mitarbeiterinnen und Mitarbeiter auswirkt sowie negatives Konfliktpotenzial verringert. Zudem wird ihre Bedeutung als noch nicht ausgeschöpfter Wettbewerbsfaktor für die Zukunft erkannt und bestätigt. Interessant ist auch die Beurteilung, dass Interne Kommunikation das Unternehmen nicht unnötig viel Geld kostet. Nur gerade 4 Prozent der Befragten sind der Meinung, dass dies der Fall ist. Erklärungsansätze, weshalb Interne Kommunikation nicht oder nicht ausreichend betrieben wird, sind daher kaum auf finanzieller Ebene zu suchen (siehe Abb. Seite 91).

Da Interne Kommunikation von Kommunikationsverantwortlichen sehr positiv beurteilt wird, stellt sich jedoch die Frage, weshalb sie bislang in rund zwei Dritteln aller Großunternehmen nicht professioneller betrieben wird. Haben die Verantwortlichen das Gefühl, dass sie alles richtig machen? Hat sie noch niemand auf die zum Teil erheblichen Defizite hingewiesen, oder haben sie zwar gemerkt, dass das Herausstreichen der Internen Kommunikation zum guten Ton eines Kommunikationsverantwortlichen gehört, aber den effektiven Nutzen noch nicht verstanden? Und wie beurteilen sie mögliche Optimierungsmaßnahmen?

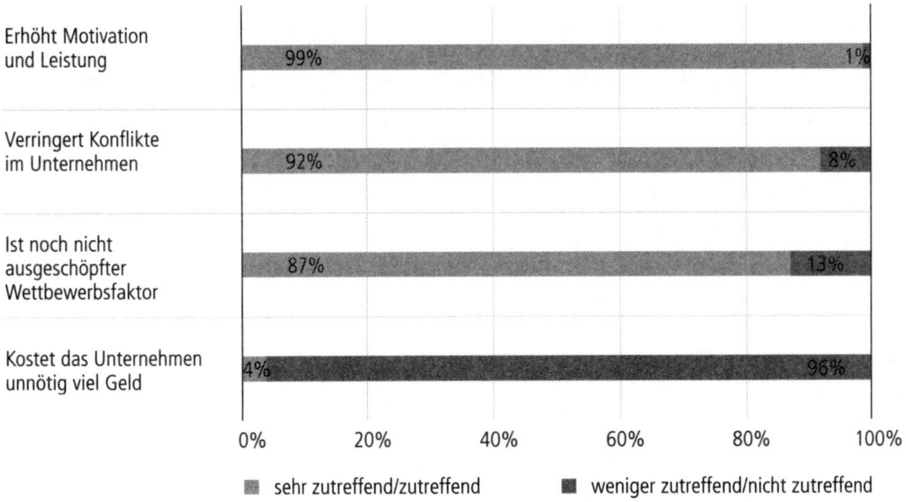

Beurteilung von Optimierungsmaßnahmen

Optimierungspotenzial der Internen Kommunikation sehen die Befragten in erster Linie in der Einführung moderner Medien wie Intranet/Internet und E-Mail sowie in der Verbesserung des Informationsflusses zwischen der Unternehmensleitung und den Mitarbeiterinnen und Mitarbeitern. Die Verbesserung des persönlichen Kontaktes zwischen diesen Gruppen und die Überarbeitung der Mitarbeiterzeitschrift stehen hinten an (siehe Abb. auf Seite 92).

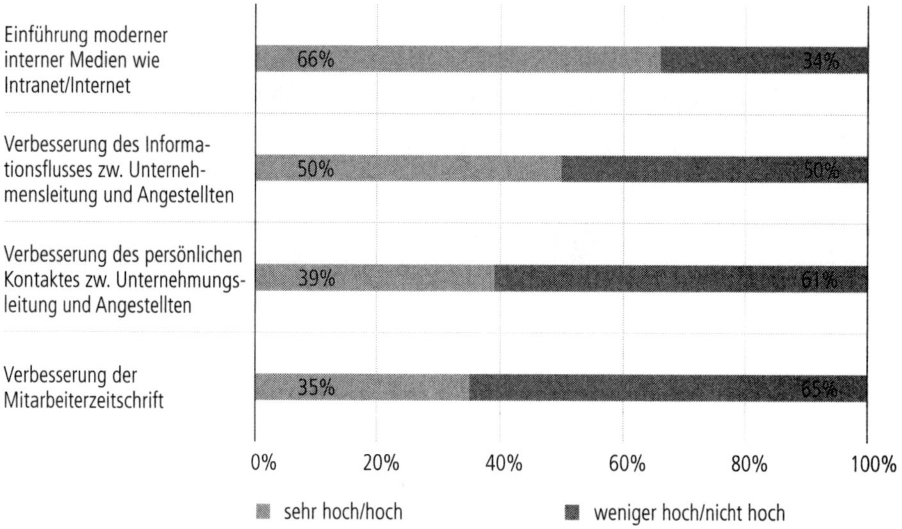

Auffallend ist die generell zurückhaltende, ja sogar pessimistische Einschätzung möglicher Optimierungsmaßnahmen. Trotz der zugesprochenen positiven Wirkung der Internen Kommunikation werden solche als nicht dringend eingestuft, und es wird kein konkreter Handlungsbedarf formuliert.

Gegenüber der generell positiven Bewertung der Internen Kommunikation werden konkrete Optimierungsmaßnahmen weitaus kritischer beurteilt. Vor allem erstaunt die zurückhaltende Beurteilung betreffend der Verbesserung des persönlichen Kontaktes zwischen der Unternehmensleitung und den Mitarbeiterinnen und Mitarbeitern. Der dialogorientierte Austausch zwischen diesen Gruppen wird also nicht aktiv gesucht.

Auch überrascht die negative Beurteilung zur Verbesserung der Mitarbeiterzeitschrift. Die Kommunikationsverantwortlichen scheinen mit den eingesetzten Publikationen zufrieden zu sein und erachten Optimierungen in diesem Bereich als nicht notwendig. Die Beurteilung der Optimierungsmaßnahmen deutet darauf hin, dass die notwendigen innovativen Ideen und das entsprechende Know-how nur ungenügend vorhanden sind, um eine dialogorientierte Interne Kommunikation betreiben zu können.

Zwischenfazit zur Organisation der Internen Kommunikation

Die Ergebnisse zeigen, dass die meisten großen Unternehmen nicht über die organisatorischen Voraussetzungen für eine dialogische Interne Kommunikation verfügen. Viel zu wenig Unternehmen setzen Mitarbeiterbefragungen zur Erkundung der Mitarbeitereinstellung und -bedürfnisse ein, womit die Grundlage eines sprachlichen Austauschprozesses zwischen der Unternehmensleitung und den Mitarbeiterinnen und Mitarbeitern fehlt. Weiter sind in den meisten großen Unternehmen keine spezialisierten Abteilungen vorhanden, welche die vielseitigen Aufgaben der Internen Kommunikation umsetzen können.

Zudem können die genannten dialogorientierten Aufgaben der Verantwortlichen für Interne Kommunikation mit den eingesetzten schriftlichen Informationsmedien größtenteils nicht umgesetzt werden. In den meisten großen Unternehmen existiert bislang noch keine zielgerichtete, sowohl Informations- wie auch Dialogmedien umfassende Medieninfrastruktur.

Auch wird spezialisierten Kommunikationsmanagern noch zu wenig Kompetenz zugesprochen. Sie könnten aber in entscheidendem Maße eine stärkere Dialogorientierung der Internen Kommunikation bewirken und stärker als Mittler zwischen der Unternehmensleitung und den Mitarbeiterinnen und Mitarbeitern fungieren.

Erst rund ein Drittel aller Unternehmen verfügt über die entsprechenden organisatorischen Voraussetzungen, um eine dialogorientierte Interne Kommunikation betreiben zu können. Sie führen in regelmäßigen Abständen Mitarbeiterbefragungen durch und besitzen so aktuelle statistische Daten zu ihren Einstellungen und Bedürfnissen. Zudem weisen sie interne Kommunikationsrichtlinien, eine funktionierende Medieninfrastruktur sowie in der Abteilung Interne Kommunikation die nötigen personellen Kapazitäten auf, um Interne Kommunikation umfassend umzusetzen (siehe Abb. Seite 94).

Zielsetzung	Umsetzung
Wissen über aktuelle Einstellungen und Bedürfnisse der Mitarbeiterinnen und Mitarbeiter	Mitarbeiterbefragungen
Homogenität und Geschlossenheit der Unternehmensleitung	Interne Kommunikationsrichtlinien
Vorhandensein entsprechender personeller und struktureller Rahmenbedingungen	Abteilung Interne Kommunikation, interne Kommunikationsmanager
Einsatz zielgruppengerechter und professioneller Informations- und Dialogmedien	Interne Medieninfrastruktur
Ständige Optimierung und Verbesserung der Internen Kommunikation	Zusammenarbeit mit externen Fachkräften

Es stellt sich nun die Frage, ob die meisten Unternehmen bewusst oder unbewusst auf eine dialogische Interne Kommunikation verzichten. Es fragt sich, ob die Unternehmen den Austausch mit den Mitarbeiterinnen und Mitarbeitern absichtlich nicht suchen und die positive Beurteilung ein «Lippenbekenntnis» ist oder ob sie aufgrund fehlenden Know-hows keine dialogische Interne Kommunikation betreiben.

Dies sollte durch die Analyse der Sprache der Internen Kommunikation im zweiten Untersuchungsteil herausgefunden werden.

Die Sprache der Internen Kommunikation

Bei der Untersuchung zur Sprache der Internen Kommunikation wurden Mitarbeiterzeitschriften-Editorials bezüglich ihrer Textstruktur und -funktion untersucht.

Dabei lässt sich feststellen, dass das grundsätzliche Unterscheidungsmerkmal weder die Größe noch die Wirtschaftsart der Unternehmen, sondern die hierarchische Stellung der Autorin oder des Autors ist. Es lassen sich drei Klassen von Mitarbeiterzeitschriften-Editorials unterscheiden:

- Die erste Klasse bilden Editorials von Unternehmensleitungsmitgliedern. In ihnen orientiert der Autor die Angestellten über Veränderungen und Entwicklungen sowie über die zukünftige Ausrichtung des Unternehmens.
- In der zweiten Klasse finden sich Editorials von Kommunikationsverantwortlichen, worin die Aufgaben und Verantwortlichkeiten der Unternehmenskommunikation oder ihrer einzelnen Instrumente vorgestellt werden.
- In der dritten und quantitativ am stärksten vertretenen Klasse finden sich Editorials von Redaktionsmitgliedern. In ihnen kommentiert ein Redaktionsmitglied den Inhalt der aktuellen Mitarbeiterzeitschrift. Die Beiträge der Mitarbeiterzeitschrift werden meist sachbetont und ohne persönliche Stellungnahmen oder Ergänzungen vorgestellt und miteinander in Beziehung gebracht. In einigen wenigen Fällen innerhalb der dritten Klasse werden Sachverhalte thematisiert, die keinen unmittelbaren Bezug zum Unternehmen erkennen lassen und beispielsweise von der «Weihnachtszeit» handeln.

Die 13 analysierten Editorials können diesen drei Klassen zugeordnet und betreffend Textthema, thematischer Entfaltung und dialogischer Ausrichtung beschrieben werden. Welchen Charakter weisen dabei diese Editorials grundsätzlich auf?

Editorials von Unternehmensleitungsmitgliedern

Editorials von Unternehmensleitungsmitgliedern zeichnen sich auf struktureller Ebene durch ein einheitliches Textthema aus: Die Entwicklung des Unternehmens und die damit zusammenhängende Leistungssteigerung sind das zentrale Thema.

Unterschiede finden sich nur in der Begründung der Leistungssteigerung. So führt ein Autor die Beibehaltung der Marktführerschaft, ein anderer die Sicherung der Arbeitsplätze, der Dritte die veränderte Weltwirtschaftslage und der Vierte veränderte gesetzliche Bestimmungen als Begründung zur Leistungssteigerung des Unternehmens an.

Weiteres gemeinsames Merkmal ist die argumentative Themenentfaltung.

Die Autoren begründen dabei eine Behauptung, die das Textthema repräsentiert, durch Argumente. Zudem zeichnen sich Editorials von Unternehmensleitungsmitgliedern durch eine zum Teil komplexe Themenhierarchie aus.

Texte dieser Klasse enthalten in der Regel mehrere Themen, die jeweils eine unterschiedliche thematische Bedeutung besitzen. Es entsteht eine Rangordnung von Themen, eine Themenhierarchie, in der es ein übergeordnetes Thema (Haupt- oder Textthema) und mehrere Nebenthemen gibt. Die strategische Ausrichtung des Textthemas, die argumentative Themenentfaltung und die zum Teil komplexe Themenhierarchie liefern uns erste Hinweise auf geübte und strukturiert denkende Autorinnen und Autoren.

Auf textfunktionaler Ebene geht es den Autoren primär um die Orientierung der Mitarbeiterinnen und Mitarbeiter. Die Intentionen sind hierbei jedoch sehr unterschiedlich, und es können verschiedenartig ausgerichtete Orientierungsfunktionen festgestellt werden.

In einem Editorial versucht der Autor durch die Darstellung einer rasanten wirtschaftlichen Entwicklung eine für die Mitarbeiterinnen und Mitarbeiter bedrohende Situation aufzubauen. In einem anderen Editorial weist der Autor mit Nachdruck auf die Gefahren aktueller politischer und arbeitsrechtlicher Entwicklungen hin.

In beiden Texten verbindet sich die Orientierungsfunktion mit Überredungsabsichten des jeweiligen Autors gegenüber den Angestellten. Der Aufruf zur Unternehmensentwicklung ist vor allem mit Vorteilen für die Unternehmensleitung, nicht aber mit solchen für die Mitarbeiterinnen und Mitarbeiter verbunden. Die kommunikative Funktion des Textes kann als verschleiernde Orientierungsfunktion bezeichnet werden. Ein dialogischer Austausch zwischen der Unternehmensleitung und den Angestellten wird nicht gesucht, sondern regelrecht umgangen.

Die anderen drei untersuchten Editorials von Unternehmensleitungsmitgliedern zeichnen sich durch transparente Begründungen und Erklärungen, persönliche Stellungnahmen der Autoren sowie das Aufzeigen einer positiven Zukunftsperspektive für die Mitarbeiterinnen und Mitarbeiter aus. Die Orientierung erfolgt zum Wohle aller Mitglieder des Unternehmens. Die zentrale Funktion des Textes kann als transparente Orientierungsfunktion bezeichnet werden.

Die Unternehmensleitung initiiert den sprachlichen Austauschprozess mit den Mitarbeiterinnen und Mitarbeitern, weist im Editorial auf weitere Dialogmaßnahmen hin und ruft die Angestellten zur aktiven Teilnahme an der Unternehmensveränderung auf.

Editorials von Kommunikationsverantwortlichen

Mitarbeiterzeitschriften-Editorials von Kommunikationsverantwortlichen zeichnen sich auf struktureller Ebene durch das Textthema «Aufgaben der Unternehmenskommunikation» aus. Die Aufgaben der Unternehmenskommunikation oder ihrer Instrumente Werbung, Public Relations, Direct Marketing usw. stehen im Zentrum der Editorials.

Die Autoren erklären den Sinn und Zweck ihrer eigenen Tätigkeit und erläutern ihren Aufgabenbereich als Bindeglied zwischen den Angestellten und der Unternehmensleitung. Ihre Editorials zielen auf die Information der Mitarbeiterinnen und Mitarbeiter. Sie versuchen Zusammenhänge innerhalb der Unternehmenskommunikation aufzuzeigen oder kritisch zu hinterfragen sowie ihre Leserschaft zum Mitdenken anzuregen, auch wenn dies nicht immer gelingt.

Kommunikationsverantwortliche bieten im Idealfall beste Voraussetzungen für die Verfassung von Mitarbeiterzeitschriften-Editorials. Sie verfügen theoretisch dank ihrer hierarchisch meist hoch angesiedelten Position über den «Gesamtblick» im Unternehmen, sind im Schreiben von Artikeln geübt und können Sachverhalte klar und verständlich formulieren. Die Alltagsrealität sieht aber meist anders aus. Die Autoren bleiben nicht stringent und schlüssig am Thema, die Argumentation ist wenig verständlich und die Absicht des Aurors manchmal kaum erkennbar. Die Möglichkeit, einen Austauschprozess mit den Mitarbeiterinnen und Mitarbeitern des Unternehmens zu führen, wird meist nicht genutzt.

Editorials von Redaktionsmitgliedern

Das Textthema in Editorials von Redaktionsmitgliedern ist der «Inhalt der Mitarbeiterzeitschrift». Die Autorinnen und Autoren kommentieren Beiträge der Mitarbeiterzeitschrift, wobei deren Auswahl und Positionierung innerhalb des Editorials in unterschiedlicher Weise vollzogen wird. Einige Redaktionsmitglieder wählen nach subjektiven Kriterien einige Beiträge aus und kommentieren sie ausführlich, andere reihen assoziativ fast alle Beiträge aneinander und kommentieren sie knapp. Nur ein Emittent hat die Auswahl nach logisch-strukturellen Kriterien vollzogen.

Eine weitere Gemeinsamkeit dieser Editorials ist die rein beschreibende Themendarstellung. Das Textthema «Inhalt der Mitarbeiterzeitschrift» wird in seinen Teilthemen – die einzelnen Beiträge der Mitarbeiterzeitschrift – und anhand der jeweiligen Seitenzahlen oder Autorangaben dargestellt. Die Beschreibung der Ereignisse ist sachbetont, die Leserinnen und Leser erhalten nur einige wenige zusätzliche Hintergrundinformationen. Die jeweiligen Sachverhalte werden nicht kritisch hinterfragt, sondern lediglich sachbetont weitergegeben. Die Inhalte der Mitarbeiterzeitschrift werden nicht in einen größeren Zusammenhang eingebettet, mit weiteren Hintergrundinformationen oder einem neuen (kritischen) Aspekt verknüpft, sondern ohne wertende Stellungnahme vermittelt.

Vereinzelt weisen die Editorials von Redaktionsmitgliedern aber auch ganz andere Textthemen auf. In einer Publikation wird «Weihnachten», in der anderen die «Winterzeit» thematisiert. In den Texten wird kein Bezug zum Unternehmen hergestellt, und verschiedene grammatikalische Mängel weisen auf ungeübte Autorinnen und Autoren hin. In diesen Editorials ist die Kontaktfunktion realisiert. Den Autoren geht es vor allem um die

Herstellung und Erhaltung des sozialen Kontaktes zu ihrer Leserschaft.

Editorials von Redaktionsmitgliedern weisen also entweder eine sachbetonte Informations- oder eine Kontaktfunktion auf. Ein partnerbezogener Austausch von Äußerungen wird so aber nicht ermöglicht. Es fehlen Feedbackmöglichkeiten (Aufruf zum Verfassen von Leserbriefen, Hinweise auf Dialogveranstaltungen, Angabe weiterführender Seminare usw.). Anscheinend fehlt den Verfasserinnen und Verfassern oft das entsprechende journalistische Handwerk beim Verfassen ihrer Artikel, sodass dieser Prozess kaum in Gang gesetzt werden kann.

Detailanalysen ausgewählter Mitarbeiterzeitschriften-Editorials

Wo liegen die Hauptprobleme innerhalb der Sprache der Internen Kommunikation? Da es fast unmöglich ist, sie abstrakt darzustellen, sollen sie im Folgenden an sieben Editorials konkret aufgezeigt werden. Dabei wurden Namen von Personen, Firmen und Produkten anonymisiert, denn es kommt hier nicht auf das konkrete Unternehmen an, sondern auf die grundsätzlichen Probleme und Fehler und was aus ihnen abzuleiten ist. Die Artikel wurden in ihrer Originalform (auch mit ihren Fehlern) belassen. Zur besseren Übersicht wurden die Sätze durchnummeriert, damit Sie der Textanalyse im Detail folgen können.

Beispiel 1

Die analysierte Mitarbeiterzeitschrift ist eine 36-seitige Publikation im Format A4, die dreimal jährlich erscheint. Sie verfügt über ein einheitliches Seitenlayout, moderne Typografie und qualitativ hoch stehendes Bild- und Fotomaterial. In ihr wird über neue Produkte, Projekte und Abteilungen sowie über unternehmensinterne Veranstaltungen, Ausflüge und Sportaktivitäten berichtet. Beim untersuchten Unternehmen handelt es sich um ein Sachleistungsunternehmen. Der Text des Editorials lautet:

VORWORT

"AUF DEM WEG ZUR EINZIGARTIGKEIT"

Liebe Mitarbeiterinnen und Mitarbeiter

Die Spielregeln des wirtschaftlichen Wettbewerbs haben sich radikal geändert: Ueberkapazitäten, neue Technologien, Globalisierung und gesättigte Märkte führen zu einer grösseren Austauschbarkeit von Produkten und Dienstleistungen. Die Fähigkeit eines Unternehmens, eine gewisse Alleinstellung zu erreichen, wird deshalb immer wichtiger. Am 2. Kadertag 1998 hat sich deshalb die gesamte [redacted] Führungsmannschaft zusammen mit Herrn [redacted], Geschäftsführer der [redacted] AG und Autor des Buches [redacted], intensiv mit den Veränderungen der Umwelt und der Stellung unseres Unternehmens als Marktleader für [redacted] auseinandergesetzt.

Es gibt viele Wege zum Erfolg, nur müssen sie alle einzigartig sein - dies die generelle Erkenntnis! Ein Unternehmen sollte in seinem Fachbereich eine gewisse Alleinstellung erreichen, sich von anderen unterscheiden und deutlich glaubwürdiger sein. Dann wird man für den Kunden unentbehrlich. Man muss besser sein und deutlich bessere Leistungen erbringen als die Konkurrenz, auch wenn es in einem eng definierten Bereich ist. Dies bedeutet, dass wir alle Teil dieser Einzigartigkeit sein müssen.

Wer sich damit begnügt, sich passiv Veränderungen anzupassen, kommt zu spät. Wer sich aber intensiv mit den Kunden und Marktentwicklungen auseinandersetzt, sein Geschäft seinen Möglichkeiten entsprechend immer wieder neu interpretiert - der hat alle Chancen, die Spielregeln von morgen mit zu gestalten. Es ist schwierig, etwas anderes zu tun als die Konkurrenz. Doch durch die Art und Weise, wie wir es tun, schaffen wir Unterschiede. Begeisterung, Engagement und Hingabe, die Fähigkeit auf Kunden zuzugehen und sie richtig zu behandeln, lässt sich nicht messen. Aber dem Kunden das Gefühl vermitteln, etwas besonderes zu sein - denn er ist es auch!

Auf dem Weg zur Einzigartigkeit bauten wir in allen Bereichen des Unternehmens unsere Position weiter aus und investierten in Märkte, Produkte, Produktionstechnologie sowie Mitarbeiter und deren Ausbildung. Zu den Verkaufsbüros in [redacted] (als neuer Standort im [redacted]), [redacted] und [redacted] im [redacted] kam neu Aarau dazu; neue Fachbetriebe bearbeiten als Vertragspartner zusätzliche Regionen im In- und Ausland; Herr [redacted] hat im Monat September eine der modernsten [redacted] -Produktionen Europas in [redacted] in Betrieb genommen; die neuen Lüftungssysteme für [redacted] sind lanciert; das Projekt [redacted] steht kurz vor dem Abschluss; die Markteinführung der neuen [redacted] steht bevor; und vieles mehr.

Alles wird aber von Menschen gemacht - von uns allen - womit auch klar ist, dass die Einzigartigkeit ein permanentes Auseinandersetzen mit sich selbst und der Umwelt auf der Suche nach Verbesserung ist.

Weihnachten steht schon wieder vor der Türe! - und wir können mit Stolz feststellen, dass es uns auch 1998 wieder gelungen ist, unsere Position als Nummer 1 weiter auszubauen und Marktanteile zu gewinnen. Allerdings muss man auch gleich hinzufügen, dass der extreme Verdrängungswettbewerb nach wie vor massiv auf die Preise drückt. Wir müssen also auch weiterhin alle Register ziehen, um erfolgreich zu bleiben und unsere Einzigartigkeit täglich unter Beweis stellen.

Ich danke Ihnen allen sehr für den grossen Einsatz, Ihr innovatives Mitdenken und Handeln. Ich bin überzeugt, dass unsere Investitionen in die Zukunft [redacted] weiter stärken werden. Ich wünsche Ihnen und Ihren Familien ein gesegnetes Weihnachtsfest, Tage der Ruhe und Entspannung sowie einen guten Rutsch ins neue Jahr.

Ich grüsse Sie herzlich

Ihr

[redacted]

Generaldirektor

[redacted]

"Devenir uniques et le rester"

Chères collaboratrices, chers collaborateurs,

Les règles du jeu de la concurrence économique ont radicalement changé: surcapacité, nouvelles technologies, globalisation et encombrement des marchés entraînent une plus grande interchangeabilité des produits et des services. La capacité d'une entreprise de parvenir à un statut exclusif prend donc une importance toujours plus grande. C'est pourquoi, lors de notre 2ème journée des cadres 1998, toute la direction [redacted] *ainsi que* [redacted]*, directeur de la* [redacted] *et auteur du livre* [redacted]*, ont débattu intensivement de la modification de notre environnement et de la place de notre entreprise comme leader du marché* [redacted]

Nombreux sont les chemins qui conduisent au succès, à condition qu'ils soient tous exclusifs. C'est un principe fondamental! Dans son domaine spécialisé, une entre-

(Überschrift)
Vorwort

(Headline)
«Auf dem Weg zur Einzigartigkeit»

(Anrede)
Liebe Mitarbeiterinnen und Mitarbeiter

(Leadtext)
(1) Die Spielregeln des wirtschaftlichen Wettbewerbs haben sich radikal geändert: Überkapazitäten, neue Technologien, Globalisierung und gesättigte Märkte führen zu einer größeren Austauschbarkeit von Produkten und Dienstleistungen. (2) Die Fähigkeit eines Unternehmens, eine gewisse Alleinstellung zu erreichen, wird deshalb immer wichtiger. (3) Am 2. Kadertag 1998 hat sich deshalb die gesamte xxxxxx Führungsmannschaft zusammen mit Herrn xxxx [Vorname und Name des externen Beraters], Geschäftsführer der xxxx AG [Name des Beratungsunternehmens] und Autor des Buches «xxxx» [Name des Buches], intensiv mit den Veränderungen und der Stellung unseres Unternehmens als Marktleader für xxxx [Name der hergestellten Produkte] auseinander gesetzt.

(Lauftext)
sl. *(4) Es gibt viele Wege zum Erfolg, nur müssen sie alle einzigartig sein – dies die generelle Erkenntnis! (5) Ein Unternehmen sollte in seinem Fachbereich eine gewisse Alleinstellung erreichen, sich von anderen unterscheiden und deutlich glaubwürdiger sein. (6) Dann wird man für den Kunden unentbehrlich. (7) Man muss besser sein und deutlich bessere Leistungen erbringen als die Konkurrenz, auch wenn es in einem eng definierten Bereich ist. (8) Dies bedeutet, dass wir alle Teil dieser Einzigartigkeit sein müssen. (9) Wer sich damit begnügt, sich passiv Veränderungen anzupassen, kommt zu spät. (10) Wer sich aber intensiv mit den Kunden und Marktentwicklungen auseinander setzt, sein Geschäft seinen Möglich-*

keiten entsprechend immer wieder neu interpretiert – der hat alle Chancen, die Spielregeln von morgen mitzugestalten. (11) Es ist schwierig, etwas anderes zu tun als die Konkurrenz. (12) Doch durch die Art und Weise, wie wir es tun, schaffen wir Unterschiede. (13) Begeisterung, Engagement und Hingabe, die Fähigkeit auf Kunden zuzugehen und sie richtig zu behandeln, läßt sich nicht messen. (14) Aber dem Kunden das Gefühl vermitteln, etwas Besonderes zu sein – denn er ist es auch!

II. *(15) Auf dem Weg zur Einzigartigkeit bauten wir in allen Bereichen des Unternehmens unsere Position weiter aus und investierten in Märkte, Produkte, Produktionstechnologie sowie Mitarbeiter und deren Ausbildung. (16) Zu den Verkaufsbüros in xxxx, xxxx, xxxx und xxxx kam neu xxxx [Namen der Ortschaften] dazu; neue Fachbetriebe bearbeiten als Vertragspartner zusätzliche Regionen im In- und Ausland; Herr xxxx [Name des Betriebsleiters] hat im Monat September eine der modernsten xxxx [Name der hergestellten Produkte] Produktionen Europas in xxxx [Name der Ortschaft] in Betrieb genommen; die neuen Lüftungssysteme für xxxx und xxxx [Name von Produkten] sind lanciert; das Projekt xxxx [Name des Projektes] steht kurz vor dem Abschluss; die Markteinführung der neuen xxxx-Generation [Name der neuen Produktlinie] steht bevor; und vieles mehr.*

I. *(17) Alles wird aber von Menschen gemacht – von uns allen – womit auch klar ist, dass die Einzigartigkeit ein permanentes Auseinandersetzen mit sich selbst und der Umwelt auf der Suche nach Verbesserung ist. (18) Weihnachten steht schon wieder vor der Türe! – und wir können mit Stolz feststellen, dass es uns auch 1998 wieder gelungen ist, unsere Position als Nummer 1 weiter auszubauen und Marktanteile zu gewinnen. (19) Allerdings muss man auch gleich hinzufügen, dass der extreme Verdrängungswettbewerb nach wie vor massiv auf die Preise drückt. (20) Wir müssen also auch weiterhin alle Register ziehen, um erfolgreich zu bleiben und unsere Einzigartigkeit täglich unter Beweis stellen. (21) Ich danke Ihnen allen sehr für den großen Einsatz, Ihr innovatives Mitdenken und Handeln. (22) Ich bin überzeugt, dass unsere Investitionen in die Zukunft xxxxx [Name des Unternehmens] weiter stärken werden. (23) Ich wünsche Ihnen und Ihren Familien ein gesegnetes Weihnachtsfest, Tage der Ruhe und Entspannung sowie einen guten Rutsch ins neue Jahr.*

Ich grüsse Sie herzlich
Ihr
(Unterschrift)

(Vorname Name)
Generaldirektor

In diesem Text werden zwei Themen behandelt. Das Hauptthema ist in den Sätzen 1 bis 14 und 17 bis 23, das Nebenthema in den Sätzen 15 und 16 dargestellt. Im Hauptthema «Leistungssteigerung des Unternehmens» beleuchtet der Autor die Bedeutung der Leistungssteigerung für die Zukunft des Unternehmens, im Nebenthema «Auftrags- und Projektstatus» stellt er die wichtigsten Projekte und Resultate der vergangenen Monate vor. Der Wechsel vom Haupt- zum Nebenthema ist durch die Uneinheitlichkeit der Zeitformen gekennzeichnet:

> (14) Aber dem Kunden das Gefühl vermitteln, etwas Besonderes zu sein – denn er ist es auch!
> (15) Auf dem Weg zu Einzigartigkeit bauten wir in allen Bereichen des Unternehmens unsere Position weiter aus und investierten in Märkte, Produkte, Produktionstechnologie sowie Mitarbeiter und deren Ausbildung.

Das Textthema «Leistungssteigerung des Unternehmens» wird durch den Autor argumentativ entwickelt. Um Themenschwerpunkte deutlicher werden zu lassen, werden im Folgenden die Thesen des Textes knapper gefasst und die entsprechenden Intentionen ausdrücklich formuliert :

- These: Die Leistungssteigerung des Unternehmens ist notwendig.

Argument 1:
Wirtschaftlicher Wandel bedroht das Unternehmen (implizit in 1/19).
Untergeordnete Argumente:
1.1 Wirtschaftlicher Wandel führt zu einer größeren Austauschbarkeit von Produkten und Dienstleistungen (1).
1.2 Verdrängungswettbewerb drückt auf die Preise (19).
Argument 2:
Einzigartigkeit sichert den Unternehmenserfolg (4).
Untergeordnete Argumente:
2.1 Durch Differenzierung wird ein Unternehmen glaubwürdiger (5).
2.2 Unternehmen müssen aktiv Veränderungen vornehmen (9/10).

In einem ersten Schritt baut der Verfasser eine Situation der Unsicherheit auf, indem er den wirtschaftlichen Wettbewerb als Bedrohung für das Unternehmen und für die Angestellten darstellt. Auf sprachlicher Ebene wird mit den Begriffen «radikal», «massiv» oder «extrem» gearbeitet, die in diesem Zusammenhang negativ besetzt sind. Daraus wird die Leistungssteigerung des Unternehmens nicht in den Möglichkeiten, sondern in den Gefahren der Zukunft begründet. Neue Technologien und die Globalisierung werden nicht als Herausforderung und Chance gesehen, sondern als Bedrohung. Bewusst oder unbewusst wird bei den Lesern ein Gefühl der Unsicherheit, wenn nicht der Angst aufgebaut.

In einem zweiten Schritt versucht der Autor einen Ausweg aus dieser bedrohlichen Situation aufzuzeigen. Wie bereits im Titel signalisiert, ist seines Erachtens die Beibehaltung der Marktführerschaft nur durch «Einzigartigkeit» zu erreichen, die er recht umständlich beschreibt:

(11–13) Es ist schwierig, etwas anderes zu tun als die Konkurrenz. Doch durch die Art und Weise, wie wir es tun, schaffen wir Unterschiede. Begeisterung, Engagement und Hingabe, die Fähigkeit auf Kunden zuzugehen und sie richtig zu behandeln, läßt sich nicht messen. Aber dem Kunden das Gefühl vermitteln, etwas Besonderes zu sein – denn er ist es auch!

Einfacher gesagt: Da sich die Produkte auf dem Markt immer mehr ähneln, muss sich das Unternehmen durch stärkere Dienstleistungsorientierung hervorheben, um so einen Wettbewerbsvorteil gegenüber der Konkurrenz zu erzielen.

Anstatt die anzustrebende Einzigartigkeit jedoch klar zu beschreiben und konkrete Schritte dorthin aufzuzeigen, verliert sich der Autor leider im sprachlichen Gemeinplatz und in nichts sagenden Ratschlägen.

Zudem fehlt dem Text eine klare und nachvollziehbare Argumentation. Der Autor kann den Lösungsansatz nicht strukturiert aufzeigen. Auf grammatischer Ebene wird dies durch gebrochene Wiederaufnahmerelationen und zersplitterte Satzfolgen gekennzeichnet, wie die folgende Textpassage illustriert:

(17–18) Alles wird aber von Menschen gemacht – von uns allen – womit auch klar ist, dass die Einzigartigkeit ein permanentes Auseinandersetzen mit sich selbst und der Umwelt auf der Suche nach Verbesserung ist. Weihnachten steht schon wieder vor der Türe! – und wir können mit Stolz feststellen, dass es uns auch 1998 wieder gelungen ist, unsere Position als Nummer 1 weiter auszubauen und Marktanteile zu gewinnen.

Manche Sätze entwickeln keine Folgerichtigkeit aus ihren Vorgängern. Vielmehr wird zwischen einzelnen Sätzen sprunghaft gewechselt. Die Sätze sind an verschiedenen Stellen nicht durch das Prinzip der Wiederaufnahme des Gedankens miteinander verknüpft, sodass ein argumentativer «Zick-Zack-Kurs» entsteht.

Zwar zielt der Text darauf ab, die Leser, auf rationalem Wege von der Richtigkeit der aufgestellten Behauptung zu überzeugen, doch vermag die Argumentation diese Aufgabe nicht einzulösen, da sie inhaltlich viel zu unbestimmt und vage bleibt. Die Aussage, dass die Beibehaltung der Marktführerschaft nur durch Einzigartigkeit zu erreichen ist, bleibt eine Behauptung.

Daneben werden die Angestellten zur Änderung ihrer Einstellungen und Verhaltensweisen aufgefordert. Dieser Aufruf ist unmissverständlich und fordernd:

> (7) Man *muss* besser sein und deutlich bessere Leistungen erbringen als die Konkurrenz.
> (20) Wir *müssen* also auch weiterhin alle Register ziehen, um erfolgreich zu bleiben und unsere Einzigartigkeit täglich unter Beweis stellen.

Doch nicht bloß die missglückte Entwicklung des Themas, sondern auch fehlende Hinweise und konkrete Maßnahmen verurteilen den Aufruf zur stärkeren Kundenorientierung zum Scheitern.

So fehlt in der Mitarbeiterzeitschrift ein weiterer Artikel, der die Grundzüge dieser neuen Dienstleistungsqualität vorstellt. Auch sind Hinweise auf interne Schulungen, in denen die neuen Umgangsformen mit den Kunden trainiert werden können, oder Vermerke auf Dialogveranstaltungen, in denen eine kritische Auseinandersetzung mit diesen Neuerungen geführt wird, nicht vorhanden.

Die Angestellten werden faktisch nicht in den Veränderungsprozess des Unternehmens mit einbezogen. Vielmehr wird vom «Kadertag» berichtet, an dem sich die gesamte «Führungsmannschaft» unter professioneller Leitung mit diesem Thema auseinander gesetzt hat. Der Sprung auf die Mitarbeiterebene bleibt aus, dialogisch ausgerichtete Kommunikation findet nicht statt. Weshalb aber sollten die Mitarbeiterinnen und Mitarbeiter diesen Veränderungsprozess positiv aufnehmen und umsetzen, wenn sie nicht über das Warum und Weshalb der Leistungssteigerung in Kenntnis gesetzt werden und in den Veränderungsprozess mit einbezogen werden?

Zu offensichtlich und einseitig wird die Haltung der Unternehmensleitung «nach unten» durchgedrückt, zu wenig wird die Perspektive der Mitarbeiterinnen und Mitarbeiter berücksichtigt und auf ihre Einstellungen und Bedürfnisse eingegangen. Von einem Austauschprozess kann nicht die Rede sein.

Nun stellt sich die Frage, ob der Dialog überhaupt gesucht wird. Einiges spricht dagegen. Nach der Regel «Wissen ist Macht» werden konkrete Veränderungsschritte nur der Führungsebene und nicht allen Mitarbeiterinnen und Mitarbeitern weitergegeben.

Der Wissensvorsprung kann so zur Steuerung der Angestellten eingesetzt werden. Daraufhin weist vor allem die einseitige, stark negativ ausgerichtete Positionierung des wirtschaftlichen Wettbewerbs und der damit verbundene Aufbau von Unsicherheiten bei den Mitarbeiterinnen und Mitarbeitern.

Trotz moderner Gestaltung des Editorials (Typografie, Layout usw.) zeigen sich auf sprachlicher Ebene veraltete, stark hierarchisch geprägte normative Einstellungen des Autors. Die Angestellten sollen durch den Aufbau von Unsicherheiten zur Leistungssteigerung bewegt werden. Das Wissen um die einzelnen Veränderungsschritte bleibt auf der Führungsebene und wird ihnen nicht mitgeteilt. Es fehlen Hinweise auf konkrete Maßnahmen und Hilfestellungen, und es werden keine Möglichkeiten für Feedback der Mitarbeiterinnen und Mitarbeiter an die Unternehmensleitung angeboten.

Beispiel 2

Die analysierte Mitarbeiterzeitschrift ist eine professionell gestaltete und produzierte interne Publikation im Format A4. Die 32-seitige Zeitschrift erscheint viermal pro Jahr und weist ein einheitliches Seitenlayout auf. Inhaltlich wird der Schwerpunkt auf die Vorstellung von Produkten, Projekten und Abteilungen sowie der Zukunft des Unternehmens gelegt. Beim untersuchten Unternehmen handelt es sich um ein Industrieunternehmen. Der Text des Editorials lautet wie folgt:

Liebe Mitarbeiterinnen
Liebe Mitarbeiter

[redacted]

Sei es beruflich oder privat: wir alle sehen uns immer wieder mit Situationen konfrontiert, in denen wir schwerwiegende Entscheidungen fällen müssen. Die Neuausrichtung unseres «Sorgenkindes», der Sparte [redacted], war so ein Fall (mehr darüber auf den Seiten 4-6 dieser Ausgabe).

In den vergangenen Jahren hat die Sparte trotz enormer Anstrengungen ihre Ertragsziele nicht erreicht. Um im globalen Markt konkurrenzfähig zu sein, haben wir uns für die zukunftsträchtige Neuausrichtung der Sparte hin zu technologisch anspruchsvollen Produkten entschieden. Damit verfügt die Sparte über eine gute Ausgangslage, um sich einen Platz in den Märkten der Zukunft zu erarbeiten. Die Neuausrichtung ist zwar wichtig und richtig, doch sie bedingt leider mittelfristig auch den Verlust von etlichen Arbeitsplätzen.

Ich bedaure dies zutiefst und bin mir bewusst, wie schwer der Verlust des Arbeitsplatzes für die betroffenen Personen wiegt und mit welchen Sorgen und Ängsten er verbunden ist.

Eines jedoch kann ich versprechen: Wir werden alles daran setzen, um die Folgen des Stellenabbaus für die Betroffenen so erträglich wie möglich zu gestalten. Dieser wichtigen Verantwortung ist sich die [redacted] Gruppe bewusst und sie nimmt sie wahr.

Was erwartet nun jene Mitarbeiterinnen und Mitarbeiter der Sparte [redacted], deren Arbeitsplätze erhalten bleiben? Die Neuausrichtung der Sparte ist für sie das «Sprungbrett», um sich eine solide Position im Markt zu sichern. Was es dazu jedoch noch braucht, sind die Mithilfe und die Ideen jeder einzelnen und jedes einzelnen – Mitdenken und Mithandeln ist erwünscht!

Wir müssen stetig besser werden, damit wir weiter kommen. Dass wir dazu in der Lage sind, zeigen viele kleine und grössere positive Beispiele in allen unseren Firmen.

Klar ist aber: Langfristigen Erfolg im globalen Markt erzielen wir nur, wenn wir flexibel auf die Bedürfnisse der Kunden eingehen und ihnen qualitativ und preislich überzeugende, innovative Produkte und Dienstleistungen bieten. Genau dies muss noch mehr die Stärke der [redacted]-Gruppe werden. Unsere Möglichkeiten auf dem internationalen Parkett müssen wir optimal nutzen. Denn dies trägt wesentlich zum Erfolg der Gruppe und zur Sicherung unserer Arbeitsplätze bei – auch und gerade in der Schweiz. Nehmen Sie dies als Bekenntnis: Ich bin überzeugt, dass der Standort Schweiz für uns auch in Zukunft ein Vorteil ist. Dazu müssen wir jedoch die Stärken des Standorts voll ausspielen. Dies sind meiner Meinung nach:

- die grosse Leistungsbereitschaft der Menschen
- der soziale und politische Frieden
- der hohe Ausbildungs-Standard
- die gute Infrastruktur
- der Ruf der «Qualität»

Sie sehen, wir verfügen über einige wesentliche Trümpfe. Der Wirtschaftsstandort Schweiz hat nach wie vor ein intaktes Image. Arbeiten wir deshalb mit vereinten Kräften daran, dies für unsere Kunden und somit zu unser aller Vorteil zu nutzen. Dann wird die [redacted]-Gruppe auch in Zukunft in der Lage sein, viele sichere und attraktive Arbeitsplätze in der Schweiz zu bieten!

[redacted]

[redacted]
Vorsitzender der Gruppenleitung

(Überschrift)
Editorial

(Anrede)
Liebe Mitarbeiterinnen
Liebe Mitarbeiter

(Lauftext)
I. *(1) Sei es beruflich oder privat: Wir alle sehen uns immer wieder mit Situationen konfrontiert, in denen wir schwerwiegende Entscheidungen fällen müssen. (2) Die Neuausrichtung unseres «Sorgenkindes», der Sparte xxxx [Name des Unternehmensbereiches], war so ein Fall (mehr darüber auf den Seiten 4–6 dieser Ausgabe).*
(3) In den vergangenen Jahren hat die Sparte trotz enormer Anstrengungen ihre Ertragsziele nicht erreicht. (4) Um im globalen Markt konkurrenzfähig zu sein, haben wir uns für die zukunftsträchtige Neuausrichtung der Sparte hin zu technologisch anspruchsvollen Produkten entschieden. (5) Damit verfügt die Sparte über eine gute Ausgangslage, um sich einen Platz in den Märkten der Zukunft zu erarbeiten. (6) Die Neuausrichtung ist zwar wichtig und richtig, doch sie bedingt leider mittelfristig auch den Verlust von Arbeitsplätzen. (7) Ich bedaure dies zutiefst und bin mir bewusst, wie schwer der Verlust des Arbeitsplatzes für die betroffenen Personen wiegt und mit welchen Sorgen und Ängsten er verbunden ist. (8) Eines jedoch kann ich versprechen: Wir werden alles daran setzen, um die Folgen des Stellenabbaus für die Betroffenen so erträglich wie möglich zu gestalten. (9) Dieser wichtigen Verantwortung ist sich die xxxx-Gruppe [Name der Unternehmensgruppe] bewusst und sie nimmt sie wahr.
II. *(10) Was erwartet nun jene Mitarbeiterinnen und Mitarbeiter der Sparte xxxx [Name des Unternehmensbereiches], deren Arbeitsplätze erhalten bleiben? (11) Die Neuausrichtung der Sparte ist für sie das «Sprungbrett», um sich eine solide Position im Markt zu sichern. (12) Was es dazu jedoch noch braucht, sind die Mithilfe und die Ideen jeder Einzelnen und jedes Einzelnen – Mitdenken und Mithan-*

deln ist erwünscht! (13) Wir müssen stetig besser werden, damit wir weiterkommen. (14) Dass wir dazu in der Lage sind, zeigen viele kleine und größere positive Beispiele in allen unseren Firmen. (15) Klar ist aber: Langfristigen Erfolg im globalen Markt erzielen wir nur, wenn wir flexibel auf die Bedürfnisse der Kunden eingehen und ihnen qualitativ und preislich überzeugende, innovative Produkte und Dienstleistungen bieten. (16) Genau dies muss noch mehr die Stärke der xxxx-Gruppe [Name der Unternehmensgruppe] werden. (17) Unsere Möglichkeiten auf dem internationalen Parkett müssen wir optimal nutzen. (18) Denn dies trägt wesentlich zum Erfolg der Gruppe und zur Sicherung unserer Arbeitsplätze bei – auch und gerade in der Schweiz. (19) Nehmen Sie dies als Bekenntnis: Ich bin überzeugt, dass der Standort Schweiz für uns auch in Zukunft ein Vorteil ist. (20) Dazu müssen wir jedoch die Stärken des Standortes voll ausspielen. (21) Dies sind meiner Meinung nach:

– die große Leistungsbereitschaft der Menschen
– der soziale und politische Frieden
– der hohe Ausbildungsstandard
– die gute Infrastruktur
– der Ruf der «Qualität»

(22) Sie sehen, wir verfügen über einige wesentliche Trümpfe. (23) Der Wirtschaftsstandort Schweiz hat nach wie vor ein intaktes Image. (24) Arbeiten wir deshalb mit vereinten Kräften daran, dies für unsere Kunden und somit zu unser aller Vorteil zu nutzen. (25) Dann wird die xxxx-Gruppe [Name der Unternehmensgruppe] auch in Zukunft in der Lage sein, viele sichere und attraktive Arbeitsplätze in der Schweiz zu bieten!

(Unterschrift)
(Vorname, Name)
Vorsitzender der Gruppenleitung

Auch in diesem Editorial lassen sich zwei Themen feststellen. Das erste Thema, welches in den Sätzen 1 bis 12 repräsentiert ist, kann als «Neuausrichtung eines defizitären Unternehmensbereiches» bezeichnet werden. Das zweite Thema, welches in den Sätzen 13 bis 25 vorkommt, beinhaltet die «Leistungssteigerung des Unternehmens».

Das erste Thema «Neuausrichtung eines defizitären Unternehmensbereiches» wird chronologisch nachgezeichnet. Auf grammatikalischer Ebene wird das Thema durch unterschiedliche Zeitformen in seine Komponenten gegliedert. So wird der Weg von den sinkenden Ertragszahlen in der Vergangenheit über die aktuellen Mitarbeiterentlassungen bis zu den anstehenden Sozialmaßnahmen für die Entlassenen der jeweils entsprechenden Zeitform (Vergangenheits-, Gegenwarts- und Zukunftsform) dargestellt:

> (3) In den vergangenen Jahren *hat* die Sparte trotz enormer Anstrengungen ihre Ertragsziele nicht *erreicht.*
> (6) Die Neuausrichtung *ist* zwar wichtig und richtig, doch sie *bedingt* leider mittelfristig auch den Verlust von Arbeitsplätzen.
> (8) Eines jedoch kann ich versprechen: Wir *werden* alles daran setzen, um die Folgen des Stellenabbaus für die Betroffenen so erträglich wie möglich zu gestalten.

Der Autor führt die wesentlichen Bestandteile des Ereignisses «Neuausrichtung des defizitären Unternehmensbereiches» auf. Er beantwortet Fragen nach dem Was und Wie (Ablauf des Ereignisses), dem Wer (die handelnden Personen) und dem Wann und Wo (Zeit und Ort des Ereignisses).

Auf die Motive der Handelnden (Warum) und konkrete Konsequenzen des Ereignisses (mit welcher Folge) geht der Autor nur am Rande ein. Diesbezüglich verweist er jedoch auf ausführliche und detaillierte Artikel in der aktuellen Mitarbeiterzeitschrift. Auf den Seiten vier und fünf der Publikation berichtet denn auch der betroffene Bereichsleiter über die Motive der Restrukturierung, und auf Seite sechs beantwortet eine unabhängige Persönlichkeitstrainerin die einzelnen Schritte zur Unterstützung der betroffenen Mitarbeiterinnen und Mitarbeiter.

Das zweite Thema «Leistungssteigerung des Unternehmens» wird argumentativ entfaltet. Um diese argumentative Themenentfaltung übersichtlich zu gestallten, werden die einzelnen Bestandteile der Argumentation separiert und miteinander in Beziehung gebracht.

- These: Leistungssteigerung des Unternehmens ist notwendig und möglich.

Argument 1:
Die Neuausrichtung ist eine Chance (11).
Untergeordnete Argumente:
1.1 Ausgangspunkt für sichere Arbeitsplätze (11).
1.2 Aktive Teilnahme der Mitarbeiterinnen und Mitarbeiter an der Veränderung ist möglich (12).

Argument 2:
Veränderte Rahmenbedingungen ermöglichen langfristigen Erfolg (15).
Untergeordnete Argumente:
2.1 Neue innovative Produkte und stärkere Dienstleistungsorientierung bindet die Kunden (15–16).
2.2 Internationale Verbindungen können noch besser genutzt werden (17–18).
2.3 Wirtschaftsstandort Schweiz ist ein Vorteil (19–23).

Wie sind nun aber die beiden Themen «Neuausrichtung eines defizitären Unternehmensbereiches» und «Leistungssteigerung des Unternehmens» miteinander verbunden? Die beschreibende Form des ersten informativen Textteils schafft die Basis für die argumentative Themenentfaltung des zweiten. Damit wird die Informationsbasis geschaffen, auf die sich die zu begründende These der argumentativen Themenentfaltung bezieht.

Die Restrukturierung des defizitären Unternehmensbereiches mit den damit verbundenen Entlassungen (erster Textteil) hat die Geschäftsleitung dazu bewogen, Szenarien für die Zukunft des Unternehmens (zweiter Textteil) und somit zur Sicherung der Arbeitsplätze zu entwickeln:

> (6) Die Neuausrichtung ist zwar wichtig und richtig, doch sie bedingt leider mittelfristig auch den *Verlust von Arbeitsplätzen.* (25) Dann wird die xxxx-Gruppe [Name der Unternehmensgruppe] auch in Zukunft in der Lage sein, viele *sichere und attraktive Arbeitsplätze* in der Schweiz zu bieten!

Aus einem konkreten Ereignis der Gegenwart werden also allgemeine Erkenntnisse für die Unternehmenszukunft gewonnen und diese den Angestellten kommuniziert.

Auch hier findet ein Aufruf zur Verhaltens- und Einstellungsänderung statt. Der Appell des Vorsitzenden der Gruppenleitung zeichnet sich durch Eindrücklichkeit, Einbezug der Mitarbeiterinnen und Mitarbeiter sowie Dialogorientierung aus. Die Problembereiche des Unternehmens und die Verbesserungsmaßnahmen werden nicht verschleiert, sondern transparent erklärt. Dabei stechen vor allem die persönlichen Stellungnahmen und Bekenntnisse des Autors hervor:

(8) Eines jedoch kann ich *versprechen:* Wir werden alles daran setzen, um die Folgen des Stellenabbaus für die Betroffenen so erträglich wie möglich zu gestalten.
(19) Nehmen Sie dies als *Bekenntnis:* Ich bin überzeugt, dass der Standort Schweiz für uns auch in Zukunft ein Vorteil ist.

Der Autor gibt seinen Leserinnen und Lesern also zu verstehen, dass er sich ihnen gegenüber dazu verpflichtet, eine bestimmte Handlung zu vollziehen. Zudem wird das Feedback der Mitarbeiterinnen und Mitarbeiter aktiv angeregt. Sie werden nicht aus dem Restrukturierungsprozess ausgeklammert und fungieren nicht als bloße «Befehlsempfänger», sondern werden in den Veränderungsprozess mit einbezogen.

(12) Was es dazu jedoch noch braucht, sind die *Mithilfe* und die *Ideen jeder Einzelnen und jedes Einzelnen – Mitdenken und Mithandeln ist erwünscht!*
(24) Arbeiten wir deshalb mit *vereinten Kräften* daran, dies für unsere Kunden und somit zu *unser aller Vorteil* zu nutzen.

Die Angestellten sind Teil des Veränderungsprozesses, ihre Teilnahme wird aktiv gesucht und gefordert. Der Appell wirkt glaubhaft und dürfte von den Mitarbeiterinnen und Mitarbeitern positiv aufgenommen werden, da sie offen in die Problembereiche und Lösungsansätze der Unternehmensleitung involviert werden. Zudem verschafft der Blick in die Zukunft Zuversicht und zeigt langfristiges Engagement der Unternehmensleitung zur Lösung dieses Problems auf.

Obwohl auch in diesem Editorial ein Unternehmensleitungsmitglied über die Neuausrichtung des Unternehmens orientiert, findet sich eine Vielzahl von Unterschieden zwischen diesem und dem Text aus Beispiel 1 (Seite 103f.). Was also sind die Gemeinsamkeiten der beiden Texte und wo zeigen sich die relevanten Unterschiede?

Erst einmal weisen sie neben dem selben Textthema «Leistungssteigerung des Unternehmens» eine Vielzahl äußerer Ähnlichkeiten auf. Beide Editorials stammen von Sachleistungsunternehmen, die ihre Mitarbeiterzeitschrift mit Hilfe externer Spezialisten gestalten und produzieren. Beide Editorials werden von einem Unternehmensleitungsmitglied verfasst und besitzen einen ähnlichen formalen Aufbau:

- Kennzeichnung des Textes als Editorial durch eine Überschrift
- Anrede «Liebe Mitarbeiterinnen und Mitarbeiter»
- Fotografische Abbildung des Autors in Passfotogröße
- Absender mit Unterschrift, Vornamen und Namen des Autors sowie Funktionsbezeichnung.

Sprachlich treffen wir jedoch grundsätzliche Unterschiede an. So wird das Textthema «Leistungssteigerung des Unternehmens» in Beispiel 1 in der Beibehaltung der Marktführerschaft eines florierenden Unternehmens (Seite 103), in diesem Beispiel (Seite 112) in der Sicherung der Arbeitsplätze eines sich in der Restrukturierung befindenden Unternehmens begründet.

Wo in Beispiel 1 durch vage und unpräzise Aussagen sowie fehlende konkrete Hilfestellungen der Unternehmensleitung Unsicherheit hervorgerufen wird (Seite 103f.), findet hier (Seite 113) durch klare und explizite Formulierungen sowie durch die Angabe konkreter Maßnahmen für die Mitarbeiterinnen und Mitarbeiter das Gegenteil statt.

Der wirtschaftliche Wettbewerb wird in Beispiel 1 als Bedrohung dargestellt, das Wissen um die einzelnen Veränderungsschritte bleibt auf der Kaderebene, und es wird versucht, die Leistungssteigerung per Dekret durchzusetzen. Zudem verpflichtet sich die Unternehmensleitung zu keinen konkreten Handlungen. All dies weist darauf hin, dass kein Austauschprozess zwischen der Unternehmensleitung und den Mitarbeiterinnen und Mitarbeitern gesucht wird.

Anders verhält es sich in Beispiel 2. Dort werden im wirtschaftlichen Wettbewerb Chancen gesehen, die Mitarbeiterinnen und Mitarbeiter werden in den Veränderungsprozess zum Wohle aller involviert, und die Unternehmensleitung verpflichtet sich zur Umsetzung einer Reihe konkreter Maßnahmen. Der sprachliche Austausch zwischen der Unternehmensleitung und den Angestellten wird initiiert und kann auf den bereitgestellten Plattformen (detaillierter Artikel in der aktuellen Mitarbeiterzeitschrift sowie Vorhandensein einer neuen Betriebspsychologin) weitergeführt werden.

Beispiel 3

Bei dieser Mitarbeiterzeitschrift handelt es sich um eine 12-seitige Publikation im Format A3. Sie ist zweifarbig (schwarz und blau) auf Zeitungspapier gedruckt und beinhaltet Artikel zu einzelnen Abteilungen, Produkten und Projekten sowie zu Ausflügen, Veranstaltungen und Jubiläen. Verfasser des Editorials ist der «Leiter Abteilung für Medien», dessen Porträt in Passfotogröße abgebildet ist. Beim untersuchten Unternehmen handelt es sich um ein regionales Bahnunternehmen. Der Text des analysierten Editorials lautet wie folgt:

[redacted]

Natur und Bahn

[redacted]

Ausgangspunkt des Lehrpfades Natur und Bahn in [redacted]

Bahn 2000 bei der [redacted]

In den Jahren 1995–1998 ist die Strecke der [redacted] von [redacted] umfangreich ausgebaut worden. Streckenbegradigungen ermöglichen grössere Fahrgeschwindigkeiten und bieten erhöhten Fahrkomfort. Dank einer zweieinhalb Kilometer langen Doppelspurstrecke können Züge auch ausserhalb der beiden Stationen kreuzen. Damit wird der Fahrplan schlanker, und das Rollmaterial kann rationeller eingesetzt werden.

Vom Bahnausbau profitierte auch die Natur

Beim Streckenausbau der [redacted] sind an vielen Stellen ökologisch sensible Gebiete berührt worden. In enger Zusammenarbeit mit den Naturschutz-Beauftragten ist es gelungen, ein optimales Miteinander zwischen Natur und Bahn zu schaffen. Dabei sind für Flora und Fauna Schutzräume entstanden, die vor der neuen Linienführung nur beschränkt vorhanden waren.

Um die Bemühungen aller Beteiligter einem weiteren Kreise bewusst und zugänglich zu machen, entstand die Idee des Lehrpfades Natur und Bahn.

- Die Fussgänger und Fahrradfahrer haben jetzt Gelegenheit, auf ihrem Weg durch die einmalige Landschaft Interessantes und Wissenswertes über die Natur und die Dorfkultur im Nahbereich des Weges und der BOB zu erfahren.
- Die Betrachter werden sensibilisiert für die Anliegen der Natur. Ihnen soll aber auch bewusst werden, dass Bauen nicht gleichbedeutend sein muss mit Naturzerstörung.

Der Lehrpfad Natur und Bahn beginnt beim Bahnhof [redacted]...

Wander- und Veloweg [redacted]

Mit interessanten Informationen an besonderen Orten möchten wir Ihnen die Natur, die Landschaft und die Streckenführung der [redacted] *näherbringen. Folgen Sie den Wegweisern «Natur und Bahn», und Sie werden auf Ihrem Weg von* [redacted] *nach* [redacted] *auf 12 Informationstafeln stossen.*

Wir wünschen Ihnen einen abwechslungsreichen Ausflug ins Lütschental.

[redacted]

... und führt der Wander- und Veloroute entlang bis zum Bahnhof [redacted]; oder umgekehrt. An zehn ausgewählten Standorten wurden weitere Informationstafeln angebracht, auf denen verschiedene Informationen über Pflanzen- und Tierarten, die Geologie, bauliche Besonderheiten, die Herkunft der Flurnamen und die Schutzbauten gegen Wasser- und Steinschlaggefahr aufgeführt sind. Die beiden Ausgangspunkte wurden zudem mit Übersichtstafeln ausgestattet, die die nötigen Grundinformationen bieten.

Mit Ross und Wagen

Am 26. Juni 1998 konnte der Lehrpfad Natur und Bahn eröffnet werden. An der offiziellen Einweihung, zu der an diesem Projekt beteiligte Personen und Medienleute eingeladen worden sind, wurde die Strecke nicht zu Fuss oder mit dem Velo, sondern auf zwei Pferdefuhrwerken erkundet. Für musikalische Unterhaltung sorgte [redacted]. Unterwegs gaben [redacted], Leiter Bauabteilung, und [redacted], der als Naturwissenschaftler das Projekt geleitet hat, Erläuterungen ab.

Zuviel wollen wir Ihnen aber nicht verraten. Am besten ist, Sie kommen selber her und geniessen die Wanderung. *mj*

[redacted]

So werden Sie unterwegs informiert.

[redacted]

Information total, immer umfassender, immer schneller, immer wahrer?

Tue Gutes und sprich davon – so einfach ist PR. Steht in jedem Lehrbuch. Ist es so einfach, warum dann die vielen Lehrmittel und Lehrgänge? Da würde doch ein SJW-Heftchen genügen? Weiss überhaupt noch jemand, was ein SJW-Heftchen ist? Ja richtig, Schreiblehrstück von Lehrern, auf dem Weg zum Schriftsteller mit bescheidenem Umfang geeignet für Schüler jeden Alters, bevor der Bildschirm kam. Schnee von gestern also, überholt, zu einfach, wie der Spruch vom «Gutestun»?

Heute reicht es nicht mehr, mit einer Freikarte zu winken und gleichzeitig einen Text mit einer guten Nachricht unter dem Tisch durchzureichen. Auch wenn aus dem Bratwurstbon ein Viergangmenu in einem Viersternerestaurant geworden ist, bleiben meistens gute Nachrichten auf der Strecke.

Längst hat auch der einsamste Journalist bemerkt, wo sich die Grenzen langziehen zwischen verkappter Werbung und echten Neuigkeiten für seine Leser, Hörer, Seher. Und diese Medien-Konsumenten sind im Bilde, und wie. Sofort schiebt sich ein Schutzfilter vor die Scheibe, wenn auch nur ein Hauch von einer Werbebotschaft bemerkt wird. Schutzfaktor 24, Alarm, alles übertrieben, viel zuviel versprochen, sagt eine innere Stimme. Und überhaupt sowieso alles halb gelogen.

Wo bleibt denn da die Aufgabe für die Medienabteilung, wenn ihre Arbeit so oder so im Papierkorb landet? Halt, so schnell werde ich nicht arbeitslos. Die Art, wie man informiert, hat sich geändert. Die Beiträge, die wir selber zusammenschustern, müssen so verfasst sein, wie wenn sie aus dem PC eines Journalisten stammen würden. Es tut oft weh, dass man nicht so dick auftragen kann. Gerne würde man auch den einen oder andern Nachteil vergessen, Schwamm drüber …

Offen und ehrlich informieren, und das bevor es die Spatzen von den Dächern pfeifen. Nie ist dies so wichtig wie in Krisensituationen. Der Pressedienst hat dabei die Aufgabe, sich mit den Medien zu balgen. Die Mannen an der Front haben in solchen Zeiten alles andere zu tun, als sich mit den Journalisten herumzuschlagen. Rückendeckung und die nötige Distanz zum Geschehen.

Was tun, wenn sich nichts tut? Dann wird man Informationslieferant, Ideenbrünzler für Schreiber und Filmer. Kurz – alles unternehmen, dass die Medienleute selber etwas unternehmen, selber Beiträge zusammenstellen. Frei nach dem Motto: Jeder Schreiber hält seinen eigenen Text für viel besser, als alles, was dahergeflattert kommt …

[redacted]
Leiter Abteilung für Medien

(Headline)

Information total, immer umfassender, immer schneller, immer wahrer?

(Lauftext)

I. *(1) Tue Gutes und sprich davon – so einfach ist PR. (2) Steht in jedem Lehrbuch. (3) Ist es so einfach, warum dann die vielen Lehrmittel und Lehrgänge? (4) Da würde doch ein SJW-Heftchen genügen? (5) Weiss überhaupt noch jemand, was ein SJW-Heftchen ist? (6) Ja richtig, Schreiblehrstück von Lehrern, auf dem Weg zum Schriftsteller mit bescheidenem Umfang, geeignet für Schüler jeden Alters, bevor der Bildschirm kam. (7) Schnee von gestern also, überholt, zu einfach, wie der Spruch vom «Gutestun»?*

II. *(8) Heute reicht es nicht mehr, mit einer Freikarte zu winken und gleichzeitig einen Text mit einer guten Nachricht unter dem Tisch durchzureichen. (9) Auch wenn aus dem Bratwurstbon ein Viergangmenü in einem Viersternerestaurant [sic] geworden ist, bleiben meistens gute Nachrichten auf der Strecke.*

III. *(10) Längst hat auch der einsamste Journalist bemerkt, wo sich die Grenzen lang ziehen zwischen verkappter Werbung und echten Neuigkeiten für seine Leser, Hörer, Seher. (11) Und diese Medien-Konsumenten sind im Bilde, und wie. (12) Sofort schiebt sich ein Schutzfilter vor die Scheibe, wenn auch nur ein Hauch von einer Werbebotschaft bemerkt wird. (13) Schutzfaktor 24, Alarm, alles übertrieben, viel zu viel versprochen, sagt eine innere Stimme. (14) Und überhaupt sowieso alles halb gelogen.*

IV. *(15) Wo bleibt denn da die Aufgabe für die Medienabteilung, wenn ihre Arbeit so oder so im Papierkorb landet? (16) Halt, so schnell werde ich nicht arbeitslos. (17) Die Art, wie man informiert, hat sich geändert. (18) Die Beiträge, die wir selber zusammenschustern, müssen so verfasst sein, wie wenn sie aus dem PC eines Journalisten stammen würden. (19) Es tut oft weh, dass man nicht so dick auftragen kann. (20) Gerne würde man auch den einen oder anderen Nachteil vergessen, Schwamm drüber ...*

V. *(21) Offen und ehrlich informieren, und das, bevor es die Spatzen von den Dä-*

chern pfeifen. (22) Nie ist dies so wichtig wie in Krisensituationen. (23) Der Pressedienst hat dabei die Aufgabe, sich mit den Medien zu balgen. (24) Die Mannen an der Front haben in solchen Zeiten alles andere zu tun, als sich mit den Journalisten herumzuschlagen. (25) Rückendeckung und die nötige Distanz zum Geschehen.

VI. *(26) Was tun, wenn sich nichts tut? (27) Dann wird man Informationslieferant, Ideenbrünzler für Schreiber und Filmer. (28) Kurz – alles unternehmen, dass die Medienleute selber etwas unternehmen, selber Beiträge zusammenstellen. (29) Frei nach dem Motto: Jeder Schreiber hält seinen eigenen Text für viel besser, als alles, was dahergeflattert kommt …*

(Vorname, Name)
Leiter Abteilung für Medien

Das Textthema dieses Editorials ist die «Aufgabe der Öffentlichkeitsarbeit», die in sechs Themenabschnitten beschrieben wird. Im ersten Abschnitt weckt der Autor das Textinteresse der Leserinnen und Leser.

Durch einige Fragesätze versucht er, einige Behauptungen kritisch zu hinterfragen und somit das Spannungsfeld für die folgenden fünf Abschnitte aufzubauen.

Im zweiten und dritten Abschnitt weist er auf die sich verändernden Rahmenbedingungen der Öffentlichkeitsarbeit hin. Es sei nicht mehr so einfach, Unternehmensmitteilungen in öffentlichen Medien zu platzieren. Zur Illustration dieser Aussage greift der Autor zur (überstrapazierten) Metapher des Bratwurstbons zurück (8–9).

In den Abschnitten vier bis sechs geht er auf die Aufgaben des Verantwortlichen für Öffentlichkeitsarbeit im untersuchten Unternehmen ein. Er weist zuerst auf die formalen Anforderungen hin (Abschnitt vier), erläutert dann die Aufgaben in Krisensituationen (Abschnitt fünf) und thematisiert schließlich die Aufgaben im beruflichen Alltag (Abschnitt sechs). Doch obwohl das Textthema logisch und stringent entfaltet wird, ist die Absicht des Verfassers unklar. Was will er eigentlich den Lesern mitteilen?

Oberflächlich betrachtet, ist die sachbetonte informative Textfunktion verwirklicht. Doch der negative Unterton deutet auf eine andere Funktion des Textes hin:

> (18) Die Beiträge, die wir selber *zusammenschustern,* müssen so verfasst sein, wie wenn sie aus dem PC eines Journalisten stammen würden.
> (26–27) Was tun, wenn sich nichts tut? Dann wird man *Informationslieferant, Ideenbrünzler* für Schreiber und Filmer.

Ist es Verbitterung und Resignation, immer weniger selbst verfasste Texte über die öffentlichen Medien einem breiten Publikum vermitteln zu können, mit schwindenden Erfolgen und weniger Durchsetzungsvermögen konfrontiert zu werden?

Dagegen spricht die äußerst positive Darstellung der Journalisten. Sie werden als «Schreiber und Filmer» bezeichnet, die sich von den «Informationslieferanten und Ideenbrünzlern» abheben. Vielmehr scheint sich die Kritik auf Anforderungen seiner Tätigkeit und die Einstellungen seiner Vorgesetzten zu richten, welche die Zeichen einer offenen, transparenten Kommunikationspolitik seines Erachtens noch nicht erkannt haben.

Wahrscheinlich gibt es eine Differenz zwischen der Zielvorstellung des Autors (21: «Offen und ehrlich informieren, und das, bevor es die Spatzen von den Dächern pfeifen») und der Geschäftsleitung (1: «Tue Gutes und sprich davon – so einfach ist PR»). Bislang nur angedeutet, wird diese Kritik nur an einer Stelle und nur in zwei Sätzen explizit:

> (19–20) Es tut oft weh, dass man *nicht so dick auftragen kann.* Gerne würde man auch den einen oder anderen *Nachteil* vergessen, Schwamm drüber …

Der Autor versucht also, seine Leserschaft zu einer kritischen Einstellung gegenüber der Unternehmensleitung zu bewegen. Die Textfunktion kann somit als kritische Informationsfunktion bezeichnet werden. Es ist jedoch fraglich, ob diese Kritik auch von den Leserinnen und Lesern wahrgenommen wird. Anstatt klar Position zu beziehen, nimmt er die Perspektive anderer Personengruppen auf und benutzt diese als Mittler und Sprachrohr:

> (11–14) Und diese *Medien-Konsumenten* sind im Bilde, und wie. Sofort schiebt sich ein Schutzfilter vor die Scheibe, wenn auch nur ein Hauch von einer Werbebotschaft bemerkt wird. Schutzfaktor 24, Alarm, alles *übertrieben,* viel zu viel *versprochen,* sagt eine innere Stimme. Und überhaupt sowieso alles halb *gelogen.*

Aber der Autor eröffnet mit den Mitarbeiterinnen und Mitarbeitern keinen Dialog, fragt sie nicht nach ihren Meinungen oder sucht mit ihnen Beispiele, in denen die Öffentlichkeitsarbeit von großem Nutzen war (Bahnunglück, Umweltschutz und Bahnlinienausbau usw.). Er vergibt somit die Möglichkeit eines intensivierten dialogischen Austauschprozesses mit den Mitarbeiterinnen und Mitarbeitern des Unternehmens. Somit ist fraglich, ob die Leser die Absicht des Autors erkannt und den Text richtig, das heißt im Sinne des Autors, verstanden haben.

Beispiel 4

Die untersuchte Mitarbeiterzeitschrift ist eine vierfarbige Publikation im Format A4 und weist einen Umfang von 32 Seiten auf. Sie beinhaltet Artikel über aktuelle Projekte und Produkte des Unternehmens sowie verschiedene Personalinformationen. Verfasser des Editorials ist der «Leiter Kommunikation», dessen Porträt in Passfotogröße abgebildet ist. Beim untersuchten Unternehmen handelt es sich um ein Sicherheits- und Bewachungsunternehmen. Der Text des analysierten Editorials lautet wie folgt:

Sie sind die [redacted] Gruppe

Plakate, Inserate, Pressemitteilungen, eine Website im Internet, Ausstellungsauftritte, PR-Beiträge und Sponsorings können nie soviel bewegen, wie das, was jede Mitarbeiterin, jeder Mitarbeiter im Dienst der [redacted] Gruppe leistet und im Alltag stellvertretend für das gesamte Unternehmen darstellt. Diese Tatsache dürfen und sollen Sie als Kompliment auffassen, den auffordernden Unterton inbegriffen.

[redacted]

Die [redacted] Gruppe setzt sich unablässig und mit beträchtlichem Aufwand dafür ein, ihre Stärken als kompetenter und dynamischer Marktteilnehmer ins richtige Licht zu rücken. Unternehmenskommunikation und Öffentlichkeitsarbeit bringen aber nur Erfolg, wenn sie auf echten Inhalten aufgebaut sind. Werbung kann nur funktionieren, wenn ein Produkte- oder Dienstleistungsversprechen der Wahrheit entspricht.

Unsere – wahren! – Werbebotschaften entsprechen soliden und durchdachten Leistungen. Und dahinter wiederum stehen Sie, liebe Mitarbeiterinnen und Mitarbeiter. Sie liefern der Öffentlichkeit und unseren Kunden die Bestätigung für das, was an Plakatwänden, in Inseraten, im Internet oder an Fachmessen versprochen wird.

Diese Gedanken bringe ich zu Papier, weil die Kommunikation naturgemäss das Unternehmen und seine Produkte in den Vordergrund stellt. Auch Sie selbst empfangen Werbebotschaften der [redacted] Gruppe. Dabei kann der Eindruck entstehen, dass diese auffälligen Massnahmen die Hauptsache der Kommunikation sind. Genau dies trifft nicht zu. Den grössten Einfluss auf die Kundenzufriedenheit und die öffentliche Meinung über die [redacted] Gruppe haben die Leistungen und das Auftreten der Mitarbeiterinnen und Mitarbeiter. Sie können halten, was die Werbung verspricht.

Im Wirkungskreis aus Produktentwicklung, Marktbearbeitung, erbrachter Leistung und Unternehmenserfolg findet sich kein Teilbereich, in dem nicht der Mensch die Hauptrolle spielt. Die Kommunikation erfüllt einen Nebenpart – getreu der Weisheit «Tue Gutes und sprich darüber». Das Unternehmen tut Gutes und wir haben die dankbare Aufgabe, darüber zu sprechen. Sie liefern uns laufend guten Gesprächsstoff und dafür bedanken wir uns herzlich.

Gute Unterhaltung beim Lesen des «Journal der [redacted] Gruppe»!

[redacted]

[redacted], Leiter Kommunikation

[redacted]

(Überschrift)
Editorial

(Headline)
Sie sind die xxxx Gruppe

(Lauftext)
I. *(1) Plakate, Inserate, Pressemitteilungen, eine Website im Internet, Ausstellungsauftritte, PR-Beiträge und Sponsorings können nie so viel bewegen wie das, was jede Mitarbeiterin, jeder Mitarbeiter im Dienst der xxxx Gruppe leistet und im Alltag stellvertretend für das gesamte Unternehmen darstellt. (2) Diese Tatsache dürfen und sollen Sie als Kompliment auffassen, den auffordernden Unterton inbegriffen.*

II. *(3) Die xxxx Gruppe setzt sich unablässig und mit beträchtlichem Aufwand dafür ein, ihre Stärken als kompetenter und dynamischer Marktteilnehmer ins richtige Licht zu rücken. (4) Unternehmenskommunikation und Öffentlichkeitsarbeit bringen aber nur Erfolg, wenn sie auf echten Inhalten aufgebaut sind. (5) Werbung kann nur funktionieren, wenn ein Produkte- oder Dienstleistungsversprechen der Wahrheit entspricht.*

(6) Unsere – wahren! – Werbebotschaften entsprechen soliden und durchdachten Leistungen. (7) Und dahinter wiederum stehen Sie, liebe Mitarbeiterinnen und Mitarbeiter. (8) Sie liefern der Öffentlichkeit und unseren Kunden die Bestätigung für das, was an Plakatwänden, in Inseraten, im Internet oder an Fachmessen versprochen wird.

(9) Diese Gedanken bringe ich zu Papier, weil die Kommunikation naturgemäß das Unternehmen und seine Produkte in den Vordergrund stellt. (10) Auch Sie selbst empfangen Werbebotschaften der xxxx Gruppe. (11) Dabei kann der Eindruck entstehen, dass diese auffälligen Maßnahmen die Hauptsache der Kommunikation sind. (12) Genau dies trifft nicht zu. (13) Den grössten Einfluss auf die Kundenzufriedenheit und die öffentliche Meinung über die xxxx Gruppe haben die Leis-

tungen und das Auftreten der Mitarbeiterinnen und Mitarbeiter. (14) Sie können halten, was die Werbung verspricht.

I. *(15) Im Wirkungskreis aus Produktentwicklung, Marktbearbeitung, erbrachter Leistung und Unternehmenserfolg findet sich kein Teilbereich, in dem nicht der Mensch die Hauptrolle spielt. (16) Die Kommunikation erfüllt einen Nebenpart – getreu der Weisheit «Tue Gutes und sprich darüber». (17) Das Unternehmen tut Gutes und wir haben die dankbare Aufgabe, darüber zu sprechen. (18) Sie liefern uns dauernd guten Gesprächsstoff und dafür bedanken wir uns herzlich.*

(19) Gute Unterhaltung beim Lesen des «Journals der xxxx Gruppe»!

(Unterschrift)
(Vorname, Name), Leiter Kommunikation

Wir treffen hier wieder das alte Thema «Aufgaben der Unternehmenskommunikation» an. Daneben werden keine weiteren Themen erläutert. Weder die momentane oder zukünftige Position des Unternehmens noch branchen- oder marktbezogene Veränderungen werden thematisiert. Gegenüber dem Editorial aus Beispiel 3 werden die Aufgaben der Unternehmenskommunikation nicht theoretisch erklärt, sondern mit den Leistungen der Mitarbeiterinnen und Mitarbeiter in Beziehung gebracht.

Dieser Zusammenhang zwischen Unternehmenskommunikation und Angestelltenleistung wird jedoch unterschiedlich gewichtet. Im ersten und letzten Textabschnitt (1–2; 15–18) werden die Leistungen der Mitarbeiterinnen und Mitarbeiter der Unternehmenskommunikation vorangestellt:

> (1) Plakate, Inserate, Pressemitteilungen, eine Website im Internet, Ausstellungsauftritte, PR-Beiträge und Sponsorings *können nie so viel bewegen, wie das, was jede Mitarbeiterin, jeder Mit-*

arbeiter im Dienst der xxxx Gruppe leistet und im Alltag stellvertretend für das gesamte Unternehmen darstellt.
(15–16) Im Wirkungskreis aus Produktentwicklung, Marktbearbeitung, erbrachter Leistung und Unternehmenserfolg findet sich kein Teilbereich, in dem nicht der *Mensch die Hauptrolle* spielt. Die *Kommunikation erfüllt einen Nebenpart* – getreu der Weisheit «Tue Gutes und sprich darüber».

Im Mittelteil des Textes (3–14) wird hingegen die Unternehmenskommunikation gegenüber den Angestelltenleistungen priorisiert:

(8) *Sie liefern* der Öffentlichkeit und unseren Kunden *die Bestätigung* für das, was an Plakatwänden, in Inseraten, im Internet oder an Fachmessen versprochen wird.
(14) *Sie können halten, was die Werbung verspricht.*

Der Verfasser vermischt in seinem Text zwei grundsätzlich unterschiedliche Auffassungen des Zusammenhangs zwischen Unternehmenskommunikation und Mitarbeiterleistung. Dadurch entsteht eine Diskrepanz zwischen den Ausführungen im ersten und letzten gegenüber denjenigen des mittleren Textabschnittes.

Im ersten und letzten Textabschnitt streicht der Autor die Priorität der erbrachten Angestelltenleistungen heraus, welche die Unternehmenskommunikation aufnehmen und umsetzen muss. Im Mittelteil des Textes hingegen setzt er die definierten Leistungsvorgaben, nach denen sich die Mitarbeiterinnen und Mitarbeiter zu richten haben, ins Zentrum der Ausführungen.

Worauf will der Emittent nun hinaus, welche Stellung nehmen die Mitarbeiterinnen und Mitarbeiter gegenüber den Aufgaben der Unternehmenskommunikation ein? Liefern sie die Basis für die Kommunikationsinhalte oder müssen sie sich nach den von der Unternehmensleitung verabschiedeten Leistungsvorgaben richten?

Die Gewichtung des mittleren Textteiles im Gesamttext lässt darauf schließen, dass der Leiter Kommunikation die Mitarbeiterinnen und Mitarbeiter von den erarbeiteten Kommunikationsbotschaften zu überzeugen sucht. Er will dies nicht per Dekret durchsetzen, sondern vielmehr durch eine beinahe übersteigerte Liebenswürdigkeit der Angestelltenansprache bewirken:

> (2) Diese Tatsache dürfen und sollen Sie als *Kompliment* auffassen, den auffordernden Unterton inbegriffen.
> (7) Und dahinter wiederum stehen Sie, *liebe* Mitarbeiterinnen und Mitarbeiter.
> (18) Sie liefern uns dauernd guten Gesprächsstoff, und dafür *bedanken* wir uns *herzlich*.

Das Nebeneinander zwischen Verhaltensbeeinflussung und Dankesfloskeln lässt offen, ob der Autor den Angestellten für die erbrachten Leistungen danken oder sie zu einem neuen Verhalten bewegen will. Vor allem ist nicht erkennbar, wie dieses Verhalten konkret aussehen soll.

Der Autor, und gemäß Impressum auch Chefredakteur der Publikation, vergibt die Möglichkeit, die Unternehmenskommunikation beispielsweise in einem Schwerpunktartikel detailliert vorzustellen und relevante Fragen vertieft zu thematisieren. Vielmehr wird dem in keinem direkten Zusammenhang zum Unternehmen stehenden Thema «Die Fliegerei – vom Traum zur annähernden Selbstverständlichkeit» als Schwerpunktartikel ganze fünf Seiten der Publikation gewidmet. Auch werden keine Stimmen von Angestellten eingeholt oder die Akzeptanz der momentanen Unternehmenskommunikation mittels einer Mitarbeiterumfrage überprüft, ja die verwendeten Fachtermini werden nicht einmal erklärt:

(4) *Unternehmenskommunikation und Öffentlichkeitsarbeit* bringen aber nur Erfolg, wenn sie auf echten Inhalten aufgebaut sind.
(15) Im *Wirkungskreis aus Produktentwicklung, Marktbearbeitung, erbrachter Leistung und Unternehmenserfolg* findet sich kein Teilbereich, in dem nicht der Mensch die Hauptrolle spielt.

Das Nebeneinander verschiedener Aussagen führt ebenfalls zu einer geringen Textverständlichkeit. Die Argumentation ist nicht schlüssig und nur schwer verständlich. Es wird weder eine klare Botschaft etabliert, noch wird ein dialogischer Austauschprozess mit den Mitarbeiterinnen und Mitarbeitern gesucht und ermöglicht.

Beispiel 5

Die folgende Mitarbeiterzeitschrift umfasst 36 Seiten, ist zweifarbig im Format A4 gedruckt und erscheint sechsmal jährlich. Sie beinhaltet Artikel über einzelne Abteilungen, neue Projekte und Produkte sowie über unternehmensinterne Aktivitäten und personelle Veränderungen. Das Editorial wurde von der Redaktionsleiterin verfasst, deren Porträt in Passfotogröße zwischen den beiden Textspalten abgebildet ist . Beim Unternehmen handelt es sich um ein Sachleistungsunternehmen der Maschinenindustrie. Der Text lautet wie folgt:

Netzwerk

[redacted]

Internet, ein Begriff, der noch vor wenigen Jahren nur bei Computerfreaks auf Begeisterung stiess, ist heute bereits nicht mehr wegzudenken: Mehr als 100 Millionen Menschen sind schon «online», und täglich werden es mehr. Einen Internet-Anschluss zu haben ist schon bald so selbstverständlich wie ein Faxgerät oder einen Computer zu besitzen, und auch für global tätige Unternehmen wie [redacted] gewinnt das weltweite Computer-Netzwerk zunehmend an Bedeutung.

Während wir im Internet bereits seit 1996 mit einer Homepage vertreten sind (http:// [redacted], arbeitet seit Ende letzten Jahres ein Projektteam mit Mitarbeitern aller Unternehmensgruppen an einem sogenannten *Intranet.* Intranet soll, im Unterschied zu Internet, welches den Datenaustausch und die Kommunikation zwischen Computerbenutzern in der ganzen Welt ermöglicht, den Informationsfluss zwischen Benutzergruppen innerhalb eines Konzerns sicherstellen. Aus diesem Grunde wurde kürzlich auch das [redacted] *Net* – eine Kommunikations- und Informationsplattform für [redacted] MitarbeiterInnen – geboren, das im ersten Betriebsmonat schon weit mehr als 500mal besucht wurde.
«Waren *Sie* schon einmal im [redacted] Net?» Wenn Sie diese Frage mit Nein beantworten, sollten Sie unbedingt den Beitrag von [redacted] auf Seite 14 lesen, der Sie über alles Wissenswerte in Sachen *Internet, Intranet* und [redacted] *Net* informiert.

Nach mehrmonatigen Verhandlungen konnten die Sozialpartner Einigung über einen neuen Gesamtarbeitsvertrag (Vereinbarung in der Maschinenindustrie) erzielen, der per 1. Juli in Kraft getreten ist und Verbesserungen sowohl für die Arbeitnehmerwie auch die Arbeitgeberseite bringt. Auf der Suche nach Statements zu den ausgehandelten Ergebnissen wurde festgestellt, dass die wenigsten MitarbeiterInnen von den Details etwas mitbekommen haben. [redacted] informiert ab Seite 8 über die wichtigsten Neuerungen.

Unter dem Titel «Bewährungsproben in Grenzsituationen» berichtet [redacted] über ein Trekkingerlebnis der besonderen Art: Die Kaderleute der [redacted] AG wurden bei ihrem jährlichen Ausflug auf ihr persönliches Leistungspotential ausserhalb der täglichen Arbeitswelt getestet und waren dabei bis aufs äusserste gefordert. Welch schwierige Aufgaben sie zu meistern hatten, lesen Sie auf Seite 18.

Mit dem Pro-Juventute-Ferien(s)pass haben Schulkinder der Region Prättigau jeweils die Möglichkeit, in den Sommerferien diverse Aktivitäten zu unternehmen. Auf dem Programm stand dieses Jahr bereits zum zweitenmal «Basteln mit Kunststoff bei der [redacted] AG in [redacted]». Was die Kinder diesmal produzieren durften und welche Eindrücke sie von unserem Bündner Werk haben, erzählt [redacted] auf Seite 35.

Herzlichst

[redacted]

[redacted] Redaktionsleitung

[redacted]

Zum Titelbild:
Hohe Ehre für eine unserer Tochtergesellschaften: Am 3. Juli weilte der Gesamtbundesrat zu Besuch bei AGIE in Losone/TI. Mehr Bilder von diesem wahrlich nicht alltäglichen Ereignis auf Seite 7.
Foto: Roberto Pellegrini

(Überschrift)
Editorial

(Titel)
Netzwerk

(Lauftext)
I. *(1) Internet, ein Begriff, der noch vor wenigen Jahren nur bei Computerfreaks auf Begeisterung stieß, ist heute bereits nicht mehr wegzudenken: Mehr als 100 Millionen Menschen sind schon «online», und täglich werden es mehr. (2) Einen Internet-Anschluss zu haben, ist schon bald so selbstverständlich, wie ein Faxgerät oder einen Computer zu besitzen, und auch für global tätige Unternehmen wie xxxx [Name des Unternehmens] gewinnt das weltweite Computer-Netzwerk zunehmend an Bedeutung.*
(3) Während wir im Internet bereits seit 1996 mit einer Homepage vertreten sind (http://www.xxxx.com [Name der Homepage]), arbeitet seit Ende letzten Jahres ein Projektteam mit Mitarbeitern aller Unternehmensgruppen an einem so genannten Intranet. (4) Intranet soll, im Unterschied zu Internet, welches den Datenaustausch und die Kommunikation zwischen Computerbenutzern in der ganzen Welt ermöglicht, den Informationsfluss zwischen Benutzergruppen innerhalb eines Konzerns sicherstellen. (5) Aus diesem Grunde wurde auch das xxxxNet [Name des Intranets] – eine Kommunikations- und Informationsplattform für xxxx [Name des Unternehmens] MitarbeiterInnen – geboren, das im ersten Betriebsmonat schon weit mehr als 500-mal besucht wurde. (6) «Waren Sie schon einmal im xxxxNet [Name des Intranets]?» (7) Wenn Sie diese Frage mit Nein beantworten, sollten Sie unbedingt den Beitrag von xxxx [Vorname und Name des Autors 1] auf Seite 14 lesen, der Sie über alles Wissenswerte in Sachen Internet, Intranet und xxxxNet [Name des Intranets] informiert.
II. *(8) Nach mehrmonatigen Verhandlungen konnten die Sozialpartner Einigung über einen neuen Gesamtarbeitsvertrag (Vereinbarung in der Maschinenindustrie) erzielen, der per 1. Juli in Kraft getreten ist und Verbesserungen sowohl für die Ar-*

beitnehmer- wie auch die Arbeitgeberseite bringt. (9) Auf der Suche nach Statements zu den ausgehandelten Ergebnissen wurde festgestellt, dass die wenigsten MitarbeiterInnen von den Details etwas mitbekommen haben. (10) xxxx [Vorname und Name des Autors 2] informiert ab Seite 8 über die wichtigsten Neuerungen.

III. *(11) Unter dem Titel «Bewährungsproben in Grenzsituationen» berichtet xxxx [Vorname und Name des Autors 3] über ein Trekkingerlebnis der besonderen Art: Die Kaderleute der xxxx AG [Name des Tochterunternehmens] wurden bei ihrem jährlichen Ausflug auf ihr persönliches Leistungspotenzial ausserhalb der täglichen Arbeitswelt getestet und waren dabei bis aufs äußerste gefordert. (12) Welch schwierige Aufgaben sie zu meistern hatten, lesen Sie auf Seite 18.*

IV. *(13) Mit dem Pro-Juventute-Ferien(s)pass haben Schulkinder der Region Prättigau jeweils die Möglichkeit, in den Sommerferien diverse Aktivitäten zu unternehmen. (14) Auf dem Programm stand dieses Jahr bereits zum zweiten Mal «Basteln mit Kunststoff bei der xxxx AG [Name des Tochterunternehmens] in xxxx [Name der Ortschaft]». (15) Was die Kinder diesmal produzieren durften und welche Eindrücke sie von unserem Bündner Werk haben, erzählt xxxx [Vorname und Name des Autors 4] auf Seite 35.*

Herzlichst
(Unterschrift)
(Vorname, Name), Redaktionsleitung

Dieses Editorial weist fünf Abschnitte auf, in denen vier Themen behandelt werden.

In den ersten beiden Abschnitten wird von der «Einführung des Intranets xxxxNet», im dritten Abschnitt vom «neuen Gesamtarbeitsvertrag», im vierten vom «Trekkingerlebnis der Kaderleute» und im fünften vom «Pro-Juventute-Werkbesuch» berichtet. Alle Themen werden nach demselben Muster beschrieben. Zuerst wird ein Sachverhalt allgemeingültig vorgestellt (1/8/11/13) und dann auf das Unternehmen spezifiziert (3/9/11/14). Die vier Themen «Einführung des Intranets xxxxNet», «Neuer Gesamtarbeitsvertrag», «Trekkingerlebnis der Kaderleute» und «Pro-Juventute-Werkbesuch» stehen in keinem inneren Zusammenhang. Ein neues Thema wird ohne Überleitung vom jeweils vorangehenden eingeführt und ohne Bezug zu diesem entfaltet.

Neben formalen Merkmalen der Textgestaltung (Überschrift, Textblöcke, Absender mit Unterschrift usw.) werden auch die Verweise auf den jeweiligen Artikel der Mitarbeiterzeitschrift im stets gleichen Muster vollzogen. Am Ende jedes Themas findet sich ein Verweis mit Angabe des Autors und der entsprechenden Seitenzahl:

> (7) Wenn Sie diese Frage mit Nein beantworten, sollten Sie unbedingt den Beitrag von xxxx [Vorname und Name des Autors 1] auf Seite 14 lesen, der Sie über alles Wissenswerte in Sachen *Internet, Intranet* und *xxxxNet* informiert.
> (10) xxxx [Vorname und Name des Autors 2] informiert ab Seite 8 über die wichtigsten Neuerungen.
> (12) Welch schwierige Aufgaben sie zu meistern hatten, lesen Sie auf Seite 18.
> (15) Was die Kinder diesmal produzieren durften und welche Eindrücke sie von unserem Bündner Werk haben, erzählt xxxx [Vorname und Name des Autors 4] auf Seite 35.

Diese Verweise kennzeichnen die vier Themen als Bestandteile des übergeordneten Textthemas «Inhalt der Mitarbeiterzeitschrift».

Auf textfunktionaler Ebene stellt der Text eine Informationshandlung dar, indem die Autorin versucht, ihrer Leserschaft bestimmte Sachverhalte zur Kenntnis zu bringen und sie über verschiedene Ereignisse zu informieren. Die Darstellung der Ereignisse ist sachbetont, d. h. die Verfasserin vermeidet explizite sprachliche Bewertungen und Gefühlsappelle. Sie teilt den Sachverhalt lediglich mit und drückt weder eine wertende Stellungnahme aus, noch versucht sie das Thema in einen größeren Zusammenhang einzuordnen.

Die sachbetonte Darstellung bedeutet allerdings nicht, dass der Text frei von Bewertungen wäre. So stellt sowohl die Auswahl der Ereignisse aus der Berichterstattung der Mitarbeiterzeitschrift als auch ihre Anordnung im Editorial eine Wertung dar. In diesem Sinne kann das Editorial als «subjektiv selektioniertes und kommentiertes Inhaltsverzeichnis» bezeichnet werden.

Aus den 25 Artikeln des Zeitschrifteninhalts hat die Redaktionsleiterin vier Artikel für die Kommentierung im Editorial ausgewählt. Weshalb aber wurden nicht andere Beiträge wie der Besuch eines Schweizer Bundesrates in einem Tochterunternehmen, das Konzernergebnis des ersten Halbjahres 1998 oder der Gesundheitstag für alle Mitarbeiterinnen und Mitarbeiter des Unternehmens ausgewählt?

Es scheint, als hätte die Redaktionsleiterin nur die für sie relevanten Themen (vielleicht, weil sie am Projekt xxxxNet mitgearbeitet hat oder weil sie am Kaderausflug mit dabei war) ins Editorial aufgenommen hat. Zudem führen das Textthema «Inhalt der Mitarbeiterzeitschrift», die deskriptive Themenentfaltung sowie die sachbetonte Informationsfunktion zu einem wenig dialogischen Editorial. Möglichkeiten der Mitarbeiterinvolvierung werden ausgelassen, wie zum Beispiel der Organisation einer Einführungsveranstaltung ins Intranet xxxxNet, die Beantwortung der meistgestellten Fragen sowie dem Aufzeigen zukünftiger Entwicklungstendenzen im Internet. Auch könnte eine ausführliche Behandlung des Themas «Gesundheit am Arbeitsplatz» mit Beiträgen von Ernährungsspezialistinnen und -spezialisten sowie Berichterstattungen von Mitarbeiterinnen und Mitarbeitern zu ihren größten Problemen (Haltungsschäden, Rückenschmerzen usw.) umgesetzt werden.

Beispiel 6

Die Mitarbeiterzeitschrift dieses Unternehmens ist eine achtseitige und vierfarbig gedruckte Publikation im Format A4. Sie wird von einer Agentur gestaltet, extern produziert und erscheint viermal jährlich. Inhaltlich besteht sie aus einer Abteilungspräsentation, einer Reise- und Sportberichterstattung sowie verschiedenen Personalinformationen. Das Editorial wurde von einer Mitarbeiterin des Redaktionsteams verfasst. Abgebildet wird sie aber nicht. Beim untersuchten Unternehmen handelt es sich um ein Dienstleistungsunternehmen. Der Text lautet wie folgt:

[redacted] 2
98

Erscheint 4 mal jährlich [redacted]

[redacted]

Reiswaffeln und blaue Bibeln

[redacted]

In unserer Reihe „Wunderwelt des [redacted]" stellen wir Ihnen heute eine weniger bekannte Spezies vor, die [redacted] Wir können grundsätzlich zwei Unterarten unterscheiden. Die [redacted], die sich eher von Reiswaffeln, Obst, Joghurt und Kuchen ernähren, und die [redacted], die Zigaretten und Kaffee zu bevorzugen scheinen. Es gibt aber Ausnahmen in beiden Gruppen. Gemeinsam ist ihnen aber eine Lautsprache, die sich weitgehend aus Englisch, Deutsch, Französisch, Codes und Zahlen zusammensetzt. Einzelne Exemplare benutzen ausserhalb des Stammes aber auch Türkisch, Tagalog, Kantonesisch, Italienisch, Thai, Gujarati oder sogar Walliser Dialekt. Sie scheinen auch eine gemeinsame Religion zu haben, denn sie rezitieren dauernd und inbrünstig Verse aus blauen Büchern (s. Foto), genannt die „[redacted]

Was ist ein Chargeback?

Welche Rolle spielen nun die [redacted]?

„[redacted]" heisst nichts anderes als „[redacted]", die durch die Beanstandung eines [redacted] oder einen [redacted] ausgelöst wird.

Vielleicht waren Sie auch schon einmal nicht ganz mit Ihrer [redacted] einverstanden. Nach der Rückkehr aus den Ferien stellten Sie fest, dass z.B. der Souvenir Einkauf in Rhodos doppelt verrechnet wurde oder der freundliche jamaikanische Autovermieter verspätet noch eine Nachbelastung für einen Kratzer oder eine Beule vorgenommen hatte. Nach Ihrer Reklamation im Kundendienst beginnt dann die Arbeit des [redacted] Das [redacted] Team wird dann, gestützt auf Ihre Beanstandung

Fortsetzung auf Seite 8

Editorial

Als Nachfolgerin von [redacted] freue ich mich sehr, auch im Redaktionsteam unserer Hauszeitung mitzuwirken. Ich bin seit Anfang Februar im [redacted] tätig und betreue neben administrativen Tätigkeiten in der Ausbildung vor allem die [redacted] Buchhaltung. Für den tollen Start an alle ein herzliches Dankeschön.

Was berichten wir in dieser Ausgabe? [redacted] entführt uns ins Känguruhland und berichtet von ihren Erlebnissen und Eindrücken auf diesem Kontinent mit seiner faszinierenden Tier- und Pflanzenwelt. Bei [redacted] springen nicht die Känguruhs davon, sondern die Golfbälle. Bei der diesjährigen Fussball-Gala waren die Bälle etwas grösser und die Löcher im Hallenboden hoffentlich etwas weniger - Impressionen anhand einer kurzen Fotosession auf Seite 2.

Damit wir uns bei der täglichen Arbeit auch rundum wohlfühlen, gestaltet jeder seinen eigenen Arbeitsplatz. Wir haben sie gesucht und gefunden: originelle, witzige und für sich sprechende, ganz persönlich eingerichtete Arbeitsplätze.

Selbstverständlich darf eine aufmunternde Story von unserem [redacted] nicht fehlen - auch er spürt die ersten Frühlingssonnenstrahlen auf seine Weise!

[redacted]

Inhalt

(Überschrift)
Editorial

(Lauftext)
I. *(1) Als Nachfolgerin von xxxx [Vorname und Name der Vorgängerin] freue ich mich sehr, auch im Redaktionsteam unserer Hauszeitung mitzuwirken. (2) Ich bin seit Anfang Februar im xxxx [Name des Unternehmens] tätig und betreue neben administrativen Tätigkeiten in der Ausbildung vor allem die xxxx-Buchhaltung [interne Buchhaltungsbezeichnung]. (3) Für den tollen Start an alle ein herzliches Dankeschön.*
II. *(4) Was berichten wir in dieser Ausgabe? (5) xxxx [Vorname und Name des Autors 1] entführt uns ins Känguruhland [sic] und berichtet von ihren Erlebnissen und Eindrücken auf diesem Kontinent mit seiner faszinierenden Tier- und Pflanzenwelt. (6) Bei xxxx [Vorname und Name des Autors 2] springen nicht die Känguruhs [sic] davon, sondern die Golfbälle. (7) Bei der diesjährigen Fussball-Gala waren die Bälle etwas größer und die Löcher im Hallenboden hoffentlich etwas weniger – Impressionen anhand einer kurzen Fotosession auf Seite 2.*
(8) Damit wir uns bei der täglichen Arbeit auch rundum wohl fühlen, gestaltet jeder seinen eigenen Arbeitsplatz. (9) Wir haben sie gesucht und gefunden: originelle, witzige und für sich sprechende, ganz persönlich eingerichtete Arbeitsplätze. (10) Selbstverständlich darf eine aufmunternde Story von unserem xxxx [Name einer Comicfigur] nicht fehlen – auch er spürt die ersten Frühlingssonnenstrahlen auf seine Weise!

(Vornamen, Namen)
(Abteilungsbezeichnung)

Dieses Editorial gliedert sich in zwei Textteile. Im ersten Textteil (1–3) stellt sich die Verfasserin des Editorials als neues Redaktionsmitglied vor und bedankt sich bei den Mitarbeiterinnen und Mitarbeitern für den netten Empfang. Dieser Textteil mit dem

Thema «Vorstellung der Autorin» hat für die weitere Analyse eine untergeordnete Bedeutung, weshalb nicht näher darauf eingegangen wird.

Im zweiten Textteil (4–10) findet sich das Textthema «Inhalt der Mitarbeiterzeitschrift». Die Beiträge der aktuellen Mitarbeiterzeitschrift werden vorgestellt und knapp kommentiert.

Die Autorin thematisiert weder unternehmenspolitische Veränderungen (zum Beispiel neue Ziele, Chancen und Probleme durch veränderte Markt- und Konkurrenzsituation) noch unternehmensinterne Entwicklungen (zum Beispiel neue Projekte und Produkte). Sie stellt lediglich den Inhalt der Mitarbeiterzeitschrift vor. Diese einfache thematische Strukturierung des Textes geht auf grammatischer Ebene mit der einheitlichen Verwendung des Präsens als einziger Zeitform einher.

Zentrale Funktion dieses Editorials ist die Information der Mitarbeiterinnen und Mitarbeiter:

> (4–5) Was *berichten* wir in dieser Ausgabe? xxxx [Vorname und Name des Autors 1] *berichtet* von ihren Erlebnissen und Eindrücken auf diesem Kontinent mit seiner faszinierenden Tier- und Pflanzenwelt.

Die Darstellung des Inhalts ist sachbetont. Die Autorin teilt die Sachverhalte ohne wertende Stellungnahme oder Einordnung in einen größeren Zusammenhang lediglich mit. Doch auch hier stellt die Auswahl der Artikel wie auch ihre Anordnung im Editorial eine Wertung dar. Welche Artikel wurden ausgewählt, in welcher Reihenfolge wurden sie positioniert, und was sagt diese Auswahl und Positionierung aus?

Die Verfasserin wählt alle Ereignisse bis auf den Schwerpunktbeitrag aus. Sie behandelt zuerst den dritten Beitrag («Frasier Island»), dann den fünften («World of Golf»), den zweiten («Fussball-Gala») und schließlich den vierten Artikel («Mitarbeiter-Arbeitsplätze»). Sowohl bei der Auswahl wie auch der Reihenfolge der Beiträge läßt sich kein logisch-strukturelles Konzept feststellen.

Besonders interessant ist die Verknüpfung der Artikel drei, fünf und zwei in den Sätzen 5–7. Die einzelnen Beiträge werden kurz angerissen und mittels expliziter Wiederaufnahme miteinander verknüpft:

> (5–7) xxxx [Vorname und Name des Autors 1] entführt uns ins *Känguruhland* [sic] und berichtet von ihren Erlebnissen und Eindrücken auf diesem Kontinent mit seiner faszinierenden Tier- und Pflanzenwelt. Bei xxxx [Vorname und Name des Autors 2] springen nicht die *Känguruhs* [sic] davon, sondern die *Golfbälle*. Bei der diesjährigen Fussball-Gala waren die *Bälle* etwas größer und die *Löcher* im Hallenboden hoffentlich etwas weniger – Impressionen anhand einer kurzen Fotosession auf Seite 2.

Die Sätze scheinen assoziativ aufgrund übereinstimmender Gegenstandsmerkmale, aber nicht aufgrund eines einheitlichen inhaltlichen Kerns miteinander verknüpft zu sein. Dies kann wie folgt paraphrasiert werden:

- Sowohl Kängurus als auch Golfbälle springen davon (5/6).
- Sowohl Golfbälle als auch Fussbälle sind Bälle (6/7).
- Sowohl im Hallenboden als auch auf dem Golfplatz gibt es Löcher (6/7).

Diese Verknüpfungen sind beliebig und könnten beinahe unendlich lange fortgesetzt werden. Das gilt auch für die Auswahl und die Reihenfolge der Beiträge. Die Autorin scheint kein fundiertes Wissen und wenig praktische Erfahrung im Schreiben von Artikeln zu haben. Eine interessante Verknüpfung der Beiträge findet nicht statt, eine kritische Anmerkung oder ein weiterführender Hinweis fehlt. Kurz: Das ganze Editorial wirkt ziemlich hilflos.

Zwar wird in der betriebswirtschaftlichen Literatur häufig die Behauptung aufgestellt, eine Zeitschrift von «Angestellten für Angestellte» unterstreiche a priori ihre Glaubwürdigkeit. Aber mit diesem Beispiel muss die Aussage relativiert werden. Der Autorin sind diese Fehler nicht anzulasten. Eher ergibt sich die Frage, welche kommunikativen Ziele das Unternehmen in Bezug auf die eigenen Angestellten eigentlich verfolgt.

Beispiel 7

Die nächste Mitarbeiterzeitschrift ist eine 36-seitige Schwarzweisspublikation im Format A4. Sie weist verschiedene forma-le Mängel auf. Sie besitzt kein einheitliches Seitenlayout, kein durchgehendes Typografiekonzept, keine einheitliche Artikelgliederung, keine Bildredaktion und keine Seitenzahlen. Sie beinhaltet einen Reisebericht einer Mitarbeiterin, Gedichte, Karikaturen, Witze sowie ein Kochrezept. Autorin des Editorials ist ein Redaktionsmitglied, deren Porträt jedoch nicht abgebildet ist. Es handelt sich beim untersuchten Unternehmen um eine Klinik für psychisch kranke Menschen. Der Text lautet wie folgt:

Editorial

Es regnet, es ist kalt geworden, die Bäume verlieren ihre gold-braun-rot gefärbten Blätter, ich habe bereits mehrere Male an einem 1. Liga Eishockeymatch gefroren, kurz gesagt es ist Herbst geworden und meine Aufgabe ist es, das Editorial für die Winterausgabe zu schreiben !

Wenn Ihr aber diese Ausgabe durchblättert und vielleicht auch diese Seite hier liest, ist es tatsächlich schon Winter, sogar schon kurz vor Weihnachten.

Joseph von Eichendorff beschreibt im folgenden Gedicht meine Lieblingsbeschäftigung in Interlaken während der doch so schönen Weihnachtszeit:

'Markt und Strassen stehn verlassen,
Still erleuchtet jedes Haus.
Sinnend geh' ich durch die Gassen,
Alles sieht so festlich aus...

Sterne hoch die Kreise schlingen,
Aus des Schnees Einsamkeit
Steigt's wie wunderbares Singen -
O du gnadenreiche Zeit !'

Überzeugt Euch selber...

In diesem Sinne wünsche ich allen Leserinnen und Lesern recht schöne und frohe Weihnachtsfeiertage sowie viel Glück, Gesundheit und Zufriedenheit im neuen Jahr 1999 !!!

(Überschrift)
Editorial

(Lauftext)
(1) Es regnet, es ist kalt geworden, die Bäume verlieren ihre gold-braun-rot gefärbten Blätter, ich habe bereits mehrere Male an einem 1.-Liga-Eishockeymatch gefroren, kurz gesagt, es ist Herbst geworden, und meine Aufgabe ist es, das Editorial für die Winterausgabe zu schreiben!
(2) Wenn Ihr aber diese Ausgabe durchblättert und vielleicht auch diese Seite hier liest, ist es tatsächlich schon Winter, sogar schon kurz vor Weihnachten.
(3) Joseph von Eichendorff beschreibt im folgenden Gedicht meine Lieblingsbeschäftigung in Interlaken während der doch so schönen Weihnachtszeit:
‚Markt und Strassen stehn verlassen,
Still erleuchtet jedes Haus.
Sinnend geh' ich durch die Gassen,
Alles sieht so festlich aus ...

Sterne hoch die Kreise schlingen,
Aus des Schnees Einsamkeit
Steigt's wie wunderbares Singen –
O du gnadenreiche Zeit!'

(4) Überzeugt Euch selber ...
(5) In diesem Sinne wünsche ich allen Leserinnen und Lesern recht schöne und frohe Weihnachtsfeiertage sowie viel Glück, Gesundheit und Zufriedenheit im neuen Jahr 1999!!!

(Vorname, Name)

Hier wird also die «Weihnachtszeit» thematisiert. Die Autorin gliedert das Textthema in seine Teilvorgänge und beschreibt sie in einem zeitlichen Nacheinander übersichtlich und knapp: (1) Herbst – (2) Winter – (2) Weihnachten – (3) Weihnachtszeit – (5) im neuen Jahr 1999.

Auf thematischer Ebene weist der Text keine Merkmale auf, aus denen man erkennen könnte, dass es sich um ein Mitarbeiterzeitschriften-Editorial handelt. Es gibt keine betriebsbezogenen Informationen (wirtschaftlicher Wandel, Marktverschiebungen, Konkurrenzbewegungen, neue Projekte und Produkte, Informationen von Abteilungen, Jubiläen von Mitarbeitern, Ausflüge, Sportveranstaltungen usw.). Es könnte zum Beispiel auch am Anfang einer Sportclub- oder Musikvereinspublikation stehen. Sprachlich fällt die (überstrapazierte) Verknüpfung und Aneinanderreihung von einfachen Sätzen zu Beginn des Textes auf, die auch wie folgt dargestellt werden könnte:

> (1) Es regnet. (2) Es ist kalt geworden. (3) Die Bäume verlieren ihre gold-braun-rot gefärbten Blätter. (4) Ich habe bereits mehrere Male an einem 1.-Liga-Eishockeymatch gefroren. (5) Kurz gesagt[,] es ist Herbst geworden. (6) Und meine Aufgabe ist es, das Editorial für die Winterausgabe zu schreiben!

Die gegenüber dem Original veränderte Interpunktion ist zwar nicht in grammatischer, wohl aber in stilistisch-klanglicher Hinsicht von Bedeutung, indem sie die Stimmführung beim Lesen beeinflusst. Was heißt dies nun aber in Bezug auf die Kommunikationsabsicht der Autorin?

Sie benutzt sprachliche Stilmittel, die normalerweise in literarischen Texten (und dort vor allem in der Lyrik) eingesetzt werden:

> (1) Es regnet, es ist kalt geworden, die Bäume verlieren ihre *gold-braun-rot* gefärbten Blätter …

(3) Joseph von Eichendorff beschreibt im folgenden Gedicht meine Lieblingsbeschäftigung in Interlaken während der *doch* so schönen Weihnachtszeit:

Diese Elemente stehen jedoch in scharfem Kontrast zu den realitäts- und aktualitätsbezogenen Textbestandteilen wie dem Verweis auf die Eishockeyspiele oder dem Hinweis auf die ihr gestellte Aufgabe des Editorialschreibens. Es findet sich hier also eine (eigenwillige) Verbindung zwischen einem Gebrauchstext und lyrischen Stilmitteln. Was aber mag die Verfasserin wohl dazu bewogen haben, diese Kombination von Gebrauchstext und literarischem Text vorzunehmen?

Auf textfunktionaler Ebene zeigt die Autorin, dass es ihr vor allem um die Herstellung und Erhaltung des persönlichen Kontakts geht. Die Kontaktfunktion ist besonders charakteristisch für so genannte Partizipationstexte, in denen Autorinnen und Autoren ihre Anteilnahme mit ihrer Leserschaft zum Ausdruck bringen, so zum Beispiel in Gratulations-, Kondolenz- oder Liebesbriefen.

Zudem fällt die Aussage der Autorin auf, dass sie zum Verfassen des Editorials beauftragt wurde. Wir dürfen es hier wohl um einen subjektiven Ausdruck der Schwierigkeiten der Autorin beim Schreiben des Textes werten. Führt man diesen Gedanken weiter, kann die Textverfassung des Editorials wie folgt rekonstruiert werden:

- Die Autorin erhält den Auftrag, das Mitarbeiterzeitschriften-Editorial der Winterausgabe zu verfassen (zum Beispiel aufgrund rotierender Verantwortlichkeiten innerhalb des Redaktionsteams).
- Das Schwerpunktthema der Winterausgabe ist vorgegeben: «Weihnachten/Silvester».

- Die Verfasserin schlägt sich verzweifelt mit der Aufgabe herum, erinnert sich an ein Gedicht von Joseph von Eichendorff und stellt es ins Zentrum ihrer Ausführungen.
- Sie ergänzt das Gedicht mit einigen persönlichen Eindrücken und Erlebnissen zu Beginn sowie formelhaften Glückwünschen am Ende des Textes.

Zwar weist der Text stärker als die anderen Editorials kontaktspezifische Merkmale auf, und die Leserinnen und Leser erfahren viel über die Autorin, jedoch nichts über die Geschehnisse in der Klinik. Die Verfasserin erhält offensichtlich keine bemerkenswerten Informationen über Entwicklungen und Veränderungen des Unternehmens. Zudem stehen ihr mit größter Wahrscheinlichkeit weder Hilfsmittel noch Ansprechpersonen zur Verfügung, die sie bei der Verfassung des Editorials unterstützen könnten.

Zwischenfazit zur Sprache der Internen Kommunikation

Grundsätzlich treffen wir in diesem Bereich einen völligen Wildwuchs an. Jede Autorin und jeder Autor schreibt offenbar gerade so, wie sie oder er es für richtig hält. Das ist übrigens keine Eigenheit der sechs verwendeten Beispiele, sondern lässt sich selbst mit zufälliger Auswahl bei einer Vielzahl von Mitarbeiterzeitschriften wiederfinden.

Diese Beliebigkeit der Textverfassung kann aber fatale Folgen haben. Zum einen bleiben oft wichtige Informationen, zum anderen der dialogische Austausch mit den Mitarbeiterinnen und Mitarbeitern auf der Strecke. Oder anders gesagt:

- Das Unternehmen verpasst es, ein wichtiges Informationsinstrument zur strategischen Ausrichtung des Unternehmens sinnvoll einzusetzen.
- Das Unternehmen bindet die Angestellten nicht in die Entscheidungsprozesse ein.

Die dialogische Ausrichtung der Mitarbeiterzeitschrift, wie dies beispielsweise die Schweizerischen Bundesbahnen SBB in ihrer Publikation «SBB Zeitung» anstreben, ist bislang eine Ausnahme.

Wie bereits bei der Untersuchung zur Organisation festgestellt wurde, findet sich auch bei der Analyse zur Sprache der Internen Kommunikation ein dialogisches Defizit. Durch die linguistische Textanalyse und der damit verbundenen Herausarbeitung der Kommunikationsabsichten lassen sich zwei Ursachen dafür erkennen. Zum einen ist das dialogische Defizit auf bewusste Verschleierung, zum anderen auf fehlende Textverfassungsfähigkeiten der Verfasserinnen und Verfasser zurückzuführen.

Bewusste Verschleierung

In zwei der untersuchten Editorials wird der sprachliche Austauschprozess zwischen der Unternehmensleitung und den Mitarbeiterinnen und Mitarbeitern bewusst verschleiert. Dabei wird der Dialog mit ihnen nicht nur nicht gesucht, sondern regelrecht unterbunden. Die Unternehmensleiter stellen die wirtschaftliche Entwicklung als Bedrohung für die Arbeitsplatzsituation der Angestellten dar. Sie versuchen, einen Veränderungsprozess ohne Erklärung der Ausgangslage, der Teilprozesse und der Zielsetzungen per Dekret durchzusetzen. Das Wissen der einzelnen Entscheidungsschritte bleibt auf der Führungsebene und wird machtpolitisch eingesetzt. Zudem verpflichten sie sich gegenüber den Mitarbeiterinnen und Mitarbeitern zu nichts. Es wird zwar ein Mehraufwand von den Angestellten gefordert, der Beitrag der Unternehmensleitung und der Führungskräfte bleibt jedoch aus.

Mangelnde Erfahrung

Ein großes Problem ist die mangelnde Erfahrung im Schreiben von Artikeln. Die jeweiligen Autorinnen und Autoren verfügen meist über keine journalistische oder publizistische Ausbildung und besitzen kein Wissen über journalistische Stilmittel und Techniken zur Einbeziehung der Mitarbeiterinnen und Mitarbeiter sowie zur Initiierung und Führung sprachlicher Austauschprozesse.

Es fehlen in vielen Editorials Aufrufe zum Feedback, weiterführende Artikel, in denen ein im Editorial aufgeworfenes Thema vertieft und beispielsweise aus der Angestelltenperspektive behandelt wird. Auch gibt es kaum Hinweise auf Dialogveranstaltungen, in denen Spezialistinnen und Spezialisten ein Schwerpunktthema vertieft behandeln und den Angestellten Fragen beantworten.

Es fehlen innovative Ideen, welche die Aufmerksamkeit der Angestellten gewinnen sowie kritische Schwerpunktthemen, welche die Angestellten mitreißen und bewegen würden. Die Textstruktur ist in vielen Fällen kaum klar gegliedert und führt die Leser nur selten strukturiert durch die Gedankengänge der Autoren.

Aufrufe zum Feedback werden ausgelassen und die behandelten Themen nur selten mit Interessen der Angestellten in Beziehung gebracht.

Zusammenfassung

Damit ist die grundsätzliche Problemstellung umrissen: Interne Kommunikation wird in der Regel als interne Information betrieben. Sowohl auf organisatorischer wie auf sprachlicher Ebene lässt sich ein dialogischer Mangel in der Internen Kommunikation feststellen.

Auf *organisatorischer Ebene* zeigt sich, dass die meisten großen Unternehmen nicht über die nötigen strukturellen Voraussetzungen für eine dialogische Interne Kommunikation verfügen. Sie führen kaum Mitarbeiterbefragungen durch und besitzen somit auch keine verlässlichen Daten zu den Einstellungen und Bedürfnissen ihrer Angestellten.

Sie weisen auch keine Abteilung Interne Kommunikation auf, in der genügend Personal unter Leitung eines Spezialisten die vielfältigen Aufgaben einer umfassenden Internen Kommunikation umsetzt, und sie besitzen schließlich auch keine systematisch ausgerichtete Medieninfrastruktur, in der die genannten Aufgaben auch umgesetzt werden könnten.

Auf *sprachlicher Ebene* wird ersichtlich, dass der Dialog in den meisten Fällen zwar nicht absichtlich unterbunden wird, dass sich aber auch keine großen Bemühungen für die Verbesserung der sprachlichen Defizite durch die Unternehmensleitung erkennen lässt.

Zwar wird der dialogische Austausch nur in wenigen Fällen direkt verschleiert, doch weist die Umsetzung wichtiger interner Kommunikationsaufgaben durch wenig geschulte und geübte Mitarbeiterinnen und Mitarbeiter darauf hin, dass der Internen Kommunikation in der Praxis weniger Bedeutung beigemessen wird, als dies durch die Äußerungen von Kommunikationsverantwortlichen dargestellt wurde.

Die Möglichkeit, sich im Rahmen eines Kernmediums der Internen Kommunikation an die Angestellten zu wenden und sich mit ihnen auszutauschen, wird erstaunlich selten professionell wahrgenommen. Interne Kommunikation ist bei den meisten großen Unternehmen ein Lippenbekenntnis. Ihre Bedeutung wird zwar hervorgehoben, ihre konkrete Umsetzung zeigt jedoch ein ganz anderes Bild.

Interne Kommunikation fristet in der Regel ein Mauerblümchendasein. Die Angestellten werden selten in die Entscheidungsprozesse der Unternehmensleitung mit einbezogen. Es werden auch keine zwischenmenschlichen Kontakte ermöglicht. Die Umsetzung der Internen Kommunikation erfolgt in der Praxis vielfach in einer der Bedeutung dieses Kommunikationsinstrumentes unangemessenen Gleichgültigkeit.

Erst rund ein Drittel aller großen Unternehmen scheint die Bedeutung der Internen Kommunikation erfasst zu haben und betreibt eine transparente, dialogische Interne Kommunikation. Diese Unternehmen finden sich sowohl auf Sachleistungs- wie auf Dienstleistungsseite. Sie verfügen über die nötigen organisatorischen Voraussetzungen und zeichnen sich auf sprachlicher Ebene durch Klarheit der Aussagen, Involvierung der Mitarbeiterinnen und Mitarbeiter sowie explizite Verpflichtungen der Unternehmensleitung gegenüber den Angestellten aus. Insgesamt aber besteht ein akuter Handlungsbedarf zur Verbesserung der Internen Kommunikation großer Unternehmen.

III. Wie Interne Kommunikation besser geht!

Die Mängel sind offensichtlich – doch wie geht man vor, um sie zu beheben?

Je nach Art und Umfang der Mängel lässt sich zwischen Einzel- und Gesamtverbesserungsmaßnahmen der Internen Kommunikation unterscheiden. Im ersten Fall werden einzelne organisatorische oder sprachliche Maßnahmen der Internen Kommunikation verändert, im zweiten Fall wird die gesamte Interne Kommunikation (zum Beispiel im Rahmen einer Unternehmensrestrukturierung) überarbeitet und neu eingeführt.

Sowohl Einzel- wie Gesamtverbesserungsmaßnahmen müssen auf dem Willen der Unternehmensleitung basieren, mit Interner Kommunikation eine Verbesserung zugunsten des Unternehmens und seiner Angestellten bewirken zu können.

Zudem muss auf die Funktionalisierung von Einzel- und Gesamtverbesserungsmaßnahmen nach ihrer Einführung großes Augenmerk gelegt werden, da sich die Diskontinuität von Verbesserungsmaßnahmen negativ auf die Mitarbeiterinnen und Mitarbeiter auswirkt. Maßnahmen, die über einen Projektrahmen nicht hinauskommen oder nach wenigen Wochen oder Monaten wieder in ihre alten Strukturen zurückfallen, lösen bei den Mitarbeiterinnen und Mitarbeitern Unmut und Resignation aus. Ad hoc oder sprunghaft erfolgte Maßnahmen, die nachher wieder einer allgemeinen Lethargie anheim fallen, führen nur dazu, dass die Angestellten das Vertrauen in die Unternehmensleitung verlieren und künftig neuen Verbesserungsmaßnahmen skeptisch gegenüberstehen werden. Welche organisatorischen und sprachlichen Einzelverbesserungsmaßnahmen können aufgrund der Unternehmensresultate empfohlen werden, und wie sollte also eine Gesamtverbesserung der Internen Kommunikation vorbereitet und umgesetzt werden?

Die Veränderung der Internen Kommunikation ist nur mit tatkräftiger Unterstützung und starkem Engagement der Unternehmensleitung und der oberen Führungskräfte möglich. Sie müssen die Verbesserung der Internen Kommunikation nicht nur genehmigen, sondern vorleben. Ihre Einstellungen und Handlungen tragen entscheidend zur Akzeptanz oder Ablehnung der Maßnahmen bei. Auf die Diskrepanz zwischen einer proklamierten Verbesserung und mangelnden Umsetzungen reagieren die Angestellten in der Regel sensibel und ablehnend. Sie erkennen, ob die Maßnahmen reine Kosmetik sind oder ob wahre Absichten dahinter stecken. Zwar können Verbesserungsmaßnahmen von internen oder externen Kommunikationsverantwortlichen initiiert werden, doch entscheidet die Grundhaltung der Unternehmensleitung und der oberen Führungskräfte über den Erfolg oder Misserfolg der verbesserten Internen Kommunikation.

Einzelverbesserungsmaßnahmen der Organisation

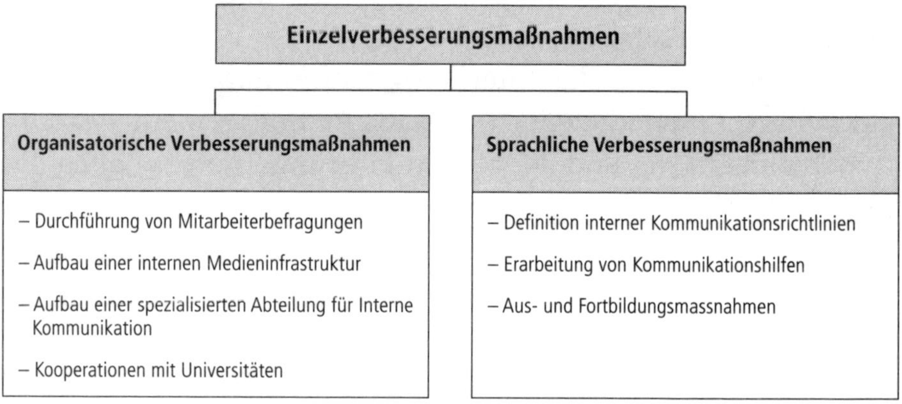

Mitarbeiterbefragungen

Wie die Untersuchung sichtbar gemacht hat, setzt etwa erst ein Drittel aller großen Unternehmen Mitarbeiterbefragungen als regelmäßiges Instrument der Internen Kommunikation ein. Mitarbeiterbefragungen bilden jedoch die Basis für eine zielgruppengerechte Ausrichtung der Internen Kommunikation. Nur wenn die Einstellung und Bedürfnisse der einzelnen Mitarbeitergruppen bekannt sind, können diese auch mit den für sie richtigen Inhalten in den für sie adäquaten Medien umgesetzt werden. Zudem schaffen Mitarbeiterbefragungen in ihren Teilprozessen (Vorinformation, Datenerhebung, Bekanntgabe der Ergebnisse usw.) eine Vielzahl von Möglichkeiten, den Dialog mit den Angestellten zu führen und aufrechtzuerhalten.

Dabei sind gewisse Anforderungen für erfolgreiche, dialogische Befragungen einzuhalten. Mitarbeiterbefragungen müssen regelmäßig und in klar definierten Zeitabständen durchgeführt werden. Es ist zu empfehlen, dass gewisse Fragen in regelmäßigen Zeitabständen immer wieder gestellt werden, um die Entwicklung und Veränderung des erfragten Themas festzuhalten. So können beispielsweise Erfolge oder Misserfolge von Kommunikationsmaßnahmen sichtbar gemacht und die nötigen Verbesserungen auf fundiertem Datenmaterial eingeleitet werden.

Mitarbeiterbefragungen müssen zudem eine Befragungsstruktur aufweisen, welche sowohl Basis- als auch Blitzumfragen ermöglichen. Basisumfragen sprechen dabei alle Mitarbeiterinnen und Mitarbeiter eines Unternehmens an und erfassen ihre grundsätzlichen Einstellungen und Bedürfnisse zu unternehmensrelevanten Themen. In Blitzumfragen können einzelne Mitarbeitergruppen oder Zufallsstichproben aller Mitarbeiterinnen und Mitarbeitern zu einzelnen, aktuellen Themen befragt werden. Es könnte so beispielsweise ein «Stimmungs- und Akzeptanzbarometer» vor und nach der Einführung des Intranets, der überarbeiteten Mitarbeiterzeitschrift oder einer neuen Dialogveranstaltung durchgeführt werden.

Mitarbeitervertreterinnen und -vertreter aller Hierarchieebenen sollten auch bereits bei der Konzeption von Befragungen in die Projektteams integriert werden, damit sie aus der Angestelltenperspektive Ideen und Vorschläge zu den Befragungsinhalten geben können. Nur so kann sichergestellt werden, dass die zu untersuchenden Themen für die Mitarbeiterinnen und Mitarbeiter von Relevanz sind und die Ergebnisse von ihnen mit Interesse aufgenommen werden. Weiter kann durch den Einbezug von Mitarbeitervertreterinnen und -vertretern das Vertrauen gegenüber der Unternehmensleitung und transparenten, nicht manipulativen Befragungen gestärkt werden.

Die Befragungsergebnisse sollten am Ende des Projektes auf

jeden Fall den Mitarbeiterinnen und Mitarbeitern kommuniziert werden, selbst wenn sie für die Unternehmensleitung oder die Führungskräfte negative Informationen enthalten und die Gefahr besteht, dass sie an die Öffentlichkeit gelangen. Einstellung und Meinungen der Mitarbeiterinnen und Mitarbeiter dürfen nicht erhoben werden, um auf Unternehmensleitungsebene zu versickern. Die Kommunikationsleistung fängt nach der Erhebung erst an, indem die Ergebnisse kritisch hinterfragt, Entwicklungen über die letzten Jahre aufgezeigt und Maßnahmen zur Bewältigung allfälliger Defizite präsentiert werden. Mitarbeiterbefragungen, welche regelmäßig in einer definierten Befragungsstruktur sowie unter Einbezug von Angestelltenvertretern aller Hierarchiestufen durchgeführt und deren Ergebnisse transparent kommuniziert werden, bilden die Basis für eine dialogische Interne Kommunikation und sind zugleich deren erste Realisation.

Aufbau der internen Medieninfrastruktur

Durch die Untersuchung wurde auch eine Diskrepanz zwischen den gestellten dialogischen Aufgaben und den eingesetzten informationsvermittelnden Medien ersichtlich. Diesen Widerspruch müsste durch den Aufbau interner Medieninfrastrukturen aufgehoben werden.

- Jedes eingesetzte Medium muss dabei bezüglich Zielgruppe, Funktion, Inhalt, zeitlichem Einsatz und Form klar definiert und auf die anderen Medien abgestimmt werden.
- Jedes Medium muss eine vorher bestimmte Zielgruppe mit spezifischen Inhalten ansprechen und somit eine klar definierte Funktion innerhalb der Medieninfrastruktur erfüllen.
- Zudem müssen die Medien untereinander zeitlich abgestimmt

werden, sodass kein unbeabsichtigtes Nebeneinander von Kommunikationsmaßnahmen entsteht.

- Weiter müssen die internen Medien durch den Einsatz einheitlicher Gestaltungsrichtlinien formal als Teil der internen Medieninfrastruktur erkennbar sein und sich gegenüber externen Medien visuell unterscheiden.

Die inhaltliche, zeitliche und formale Integration sorgt dafür, dass die ausgesuchten Mitteilungen die richtige Zielgruppe im Unternehmen erreichen und von dieser schnell und problemlos aufgenommen werden. Innerhalb der Medieninfrastruktur kommt es darauf an, vermehrt Dialogmedien sowie die Mitarbeiterzeitschrift einzusetzen. Sie können als Kernmedien der dialogischen Internen Kommunikation bezeichnet werden. Zudem sollte eine interne Kommunikationsforschung zur Überprüfung und Kontrolle der eingesetzten internen Medien etabliert werden. Wie soll das aussehen?

Verstärkter Einsatz von Dialogmedien

Dialogmaßnahmen machen Veränderungen und Entwicklungen erlebbar, bringen Mitarbeiterinnen und Mitarbeiter verschiedener Hierarchieebenen zusammen und ermöglichen so, soziale Kontakte zu knüpfen, die ohne Dialogmaßnahmen nicht zustande kämen. Zudem verringern sie die Distanz zwischen Unternehmensleitung, Mitarbeiterinnen und Mitarbeitern und führen zu mehr gegenseitigem Vertrauen.

Vor allem in Zeiten, in denen ein Unternehmen schnell auf Veränderungen reagieren muss, kommt den Dialogmedien eine wichtige Bedeutung zu, wie dies die Karstadt AG beim 1994 erfolgten Zusammenschluss mit der Hertie GmbH in Deutschland eindrücklich bewies. Dabei wurde eine ganze Reihe von Dialogmedien eingesetzt, aufeinander abgestimmt und mit Informationsmedien kombiniert, um so möglichst schnell und umfassend die Unternehmensrestrukturierung vollziehen zu können.

Den Startschuss der internen Kommunikationsaktivitäten bildete dabei das «Extrablatt», eine Spezialpublikation zur Unternehmensrestrukturierung, welche dem Verkaufspersonal durch die Führungskräfte persönlich ausgehändigt wurde. Zeitgleich hielten Abteilungsleiterinnen und Abteilungsleiter Präsentationen und Vorträge über den Veränderungsprozess. Workshops mit Führungskräften beider Unternehmen dienten dem Wissensaustausch und dem gegenseitigen Kennenlernen. Ein Videojournal wurde ins Leben gerufen, um das Partnerunternehmen den Mitarbeiterinnen und Mitarbeitern vorzustellen sowie Schwellenängste abzubauen. Mit dem Video erschien ein Informationsblatt, das die firmenübergreifende Projektarbeit begleitete. In jedem Informationsblatt wurden Ansprechpartner genannt, die Fragen der Mitarbeiterinnen und Mitarbeiter beantworten konnten. Abschließend fand in den Administrations- und Verkaufsabteilungen ein Mitarbeiteraustausch statt, damit die gegenseitigen Abläufe transparent wurden und die unterschiedlichen Unternehmenskulturen verschmelzen konnten. Die Angestellten wurden umfassend in die Entscheidungen der Unternehmensleitung mit einbezogen, wodurch Akzeptanz für die Veränderung geschaffen und das Vertrauen der Mitarbeiterinnen und Mitarbeiter gewonnen wurde.

Dialogmedien sollten nicht erst in Ausnahmesituationen oder bei Unternehmensrestrukturierungen oder -krisen zum Zuge kommen, sondern vielmehr alltäglicher Bestandteil der Medieninfrastruktur sein. Interne Ausstellungen, moderierte Gesprächsrunden zwischen der Unternehmensleitung und den Mitarbeiterinnen und Mitarbeitern, Begegnungsveranstaltungen oder ein

Tag der offenen Tür können neue Impulse liefern und sollten konstanter Bestandteil der Internen Kommunikation sein.

Verstärkter Einsatz der Mitarbeiterzeitschrift

Wie die Untersuchung zu Tage förderte, wird die Mitarbeiterzeitschrift von weniger Unternehmen eingesetzt, als bislang angenommen wurde. Als fester Bestandteil der Medieninfrastruktur könnte sie aber die Mitarbeiterinnen und Mitarbeiter über alle relevanten Vorgänge informieren, Feedback ermöglichen oder der Internen Kommunikation neue Impulse verleihen.

Auch hier liefert ein Großunternehmen mit seiner Mitarbeiterzeitschrift ein gelungenes Beispiel. Die 30 000 Mitarbeiterinnen und Mitarbeiter von IBM Deutschland trauten ihren Augen nicht und starrten ungläubig auf die «Report»-Sondernummer 7/1990, die ihnen kurz vor Weihnachten auf den Tisch flatterte, denn sie enthielt von vorn bis hinten nur leere Seiten. «Ein Report zum Nachdenken» kommentierte die Redaktion trocken auf der letzten Umschlagseite und ermunterte die erstaunten Angestellten, einen Vortrag des amerikanischen Buchautors Neil Postman mit dem Titel «Wir informieren uns zu Tode» zu bestellen. Durch die deutschen Werkhallen und Büros des Computerkonzerns fegte ein Sturm der Entrüstung. Den «Report»-Machern, die ohne Absprache mit der Unternehmensleitung gehandelt hatten, schrieben 85 erboste, aber auch 120 nachdenkliche und zustimmende Mitarbeiterinnen und Mitarbeiter, und weitere 900 forderten die Publikation an. Die Aktion aber löste vor allem auf breiter Basis Diskussionen aus und verschaffte der Internen Kommunikation neuen Schwung.

Die Mitarbeiterzeitschrift sollte als Kernmedium der Internen Kommunikation vermehrt Eingang in Unternehmen finden und wenn möglich mit professioneller Hilfe konzipiert, gestaltet und produziert werden. Verschiedene Großunternehmen haben die Bedeutung einer professionell erarbeiteten und umgesetzten Mitarbeiterzeitschrift erkannt und arbeiten mit externen Spezialisten zusammen. So ist beispielsweise beim Schweizer Pharmakonzern Novartis durch die Zusammenarbeit mit einer externen Agentur die Mitarbeiterzeitschrift «Novartis live» entstanden. Sie erscheint in der Schweiz 14- bis 15-mal jährlich in einer Auflage von 50 000 Exemplaren und mit einem Umfang von 48 Seiten. Auch das Beratungsunternehmen PricewaterhouseCoopers setzt auf die professionelle Unterstützung ihrer Mitarbeiterzeitschrift «@pwc.ch», welche sechsmal im Jahr und in einer Auflage von je 4500 Stück erscheint.

In Deutschland kaufen Unternehmen wie beispielsweise die Hypo-Bank seit längerer Zeit externe Leistungen für die Konzeption und Realisation ihrer Mitarbeiterzeitschrift ein. Dabei gilt meistens, dass die Konzeption der Mitarbeiterzeitschrift vom Unternehmen und der externen Agentur gemeinsam erarbeitet wird und die Agentur weitgehend die Realisierung und Produktion übernimmt. Das Unternehmen ist zudem für die interne Beratung, Koordination und Streuung zuständig.

Durch die Zusammenarbeit zwischen Unternehmen und externen Spezialisten kann eine attraktive, unterhaltende und Fakten vermittelnde, für die Führungskräfte sowie die Angestellten interessante Publikation entstehen. Diese Mitarbeiterzeitschriften können erreichen, dass die Belegschaft die betrieblichen Zusammenhänge leichter versteht und ihre Arbeit besser in den Unternehmenskontext einordnen kann.

Einführung der internen Kommunikationsforschung

In der externen Kommunikation ist die Überprüfung der eingesetzten Mittel und Medien auf ihre Wirksamkeit alltägliche Praxis. Bei der Internen Kommunikation aber ist die Überprüfung der eingesetzten Mittel und Medien scheinbar inexistent. Möglichkeiten und Instrumente für ihre Erforschung werden auch in der betriebswirtschaftlichen Fachliteratur praktisch ausgeklammert. Bislang gibt es kein etabliertes Instrument zur Verifizierung der Leistungen und Ergebnisse interner Medien von großen Unternehmen.

Es wäre also zu prüfen, ob die in der externen Kommunikation eingesetzten Instrumente für die Interne Kommunikation adaptiert oder ob neue Analyseinstrumente entwickelt werden müssten. Zudem müsste geprüft werden, ob externe Studien mit internen Befragungen verknüpft werden könnten.

So wäre beispielsweise die Bewertung einer neuen Werbekampagne durch interne und externe Zielgruppen von großem Interesse. Die Ergebnisse könnten miteinander verglichen werden und somit das Eigen- und Fremdbild von Kommunikationsmaßnahmen aufzeigen. Zur Erarbeitung eines Überprüfungsinstrumentes müsste die Zusammenarbeit mit Universitäten oder externen Beratern gesucht werden.

Aufbau der Abteilung Interne Kommunikation

Neben dem Vorhandensein des Basiswissens über die Einstellungen und Bedürfnisse der Mitarbeiterinnen und Mitarbeiter (Mitarbeiterbefragungen) sowie den richtigen Medien zur Vermittlung der relevanten Informationen sowie zur Führung eines dialogischen Austauschprozesses mit ihnen (interne Medieninfrastruktur) braucht es aber auch genügend und entsprechend ausgebildetes Personal, um die vielfältigen Aufgaben der Internen Kommunikation zu planen, zu koordinieren und umzusetzen.

Gerade hier zeigt sich, wie die Untersuchung belegt, ein erhebliches Defizit. Nur gerade ein Drittel aller großen Unternehmen verfügt über eine spezialisierte Abteilung mit den entsprechenden personellen Ressourcen. In nur gerade acht Prozent aller Unternehmen nimmt ein interner Kommunikationsmanager seine Verantwortlichkeiten wahr.

Deshalb ist die Bildung von spezialisierten Abteilungen für Interne Kommunikation dringend notwendig:

- Diese müssen direkt der Unternehmensleitung unterstellt und somit am Anfang des Informations- und Kommunikationsflusses stehen.
- Sie müssen vom internen Kommunikationsmanager geführt werden, welcher die Konzeption und Planung aller internen Maßnahmen übernimmt und diese auch überwacht.
- Weiter müssen die internen Kommunikationsmanager ihre geplanten Maßnahmen mit der Unternehmensleitung und den Verantwortlichen der externen Kommunikation besprechen und koordinieren, aber auch die Interessen der Internen Kommunikation (und damit der Mitarbeiterinnen und Mitarbeiter) gegenüber den anderen Stellen durchsetzen können.
- Zudem kann das interne Kommunikationsmanagement eine Fülle weiterer Aufgaben wie interne Beratungen, Referate, die Moderation von Dialogveranstaltungen oder die Zusammenarbeit mit externen Spezialistinnen und Spezialisten (Markt- und Meinungsforschungsinstitute für Mitarbeiterbefragungen, Agenturen für interne Medien usw.) wahrnehmen.

Idealerweise verfügen die Managerin oder der Manager für Interne Kommunikation über eine sprach- oder sozialwissenschaftliche Ausbildung sowie einige Jahre Berufserfahrung im Kommunikationsbereich.

Dem internen Kommunikationsmanagement müsste vermehrt die publizistisch oder journalistisch ausgebildete Betriebsjournalistin oder der Betriebsjournalist zugeordnet sein. Diese Person wäre für alle redaktionellen Arbeiten der schriftlichen internen Medien und vorrangig für die Publikation einer aktuellen, modernen und dialogischen Mitarbeiterzeitschrift zuständig. Sie kann zudem unter Beizug von Linguistinnen und Linguisten die Schulung der «nebenamtlichen» Redaktionsmitglieder übernehmen.

Die in der Regel gravierenden Mängel bei der Erstellung von Artikeln könnten so behoben werden, und die Vorteile einer Mitarbeiterzeitschrift «von Angestellten für Angestellte» kämen besser zum Tragen.

Je nach Größe des Unternehmens, der internen Medieninfrastruktur und den damit zusammenhängenden Aufgaben müssten weitere Mitarbeiterinnen und Mitarbeiter für die administrativen Tätigkeiten der Abteilung Interne Kommunikation eingesetzt werden.

Denn nur bei genügend und gut ausgebildetem Personal können die vielfältigen Aufgaben der dialogischen Internen Kommunikation auch umgesetzt werden.

Kooperationen mit Universitäten

Anscheinend fehlt bei vielen Kommunikationsverantwortlichen das entsprechende Fachwissen sowie die nötigen innovativen Ideen, um die Interne Kommunikation zu beleben und attraktiver zu gestalten. Dieses Wissen und die nötige Innovationskraft müsste jedoch durch die Zusammenarbeit mit Universitäten in die Unternehmen einfließen. Denn dort warten junge Forscherinnen und Forscher darauf, ihr theoretisch erlerntes Wissen umzusetzen.

Zu denken wäre hier die interdisziplinäre Problemlösung einer unternehmensrelevanten Veränderung wie die Konzeption und Beurteilung einer neuen Medieninfrastruktur aus betriebswirtschaftlicher, sprachwissenschaftlicher und psychologischer Perspektive. Auch sind Langzeitforschungsprojekte, wie beispielsweise die Auswirkungen neu eingeführter interner Medien, praktisch nur in Kooperation mit Universitäten möglich. So ist der Lehrstuhl für Soziologie und Kommunikationswissenschaft der Universität Augsburg eine langfristige Kooperation mit AUDI eingegangen. Seit 1984 analysieren das Unternehmen und der Fachbereich im Forschungsvorhaben «Kommunikations- und Informationsverhalten in Großorganisationen» die Interne Kommunikation des Automobilherstellers. Dabei werden neben der Untersuchung allgemeiner interner Informations- und Kommunikationsprozesse und der Evaluation des Informations- und Kommunikationsverhaltens der oberen Führungsebene vor allem die Einführung neuer Maßnahmen und die damit verbundene Veränderung der Internen Kommunikation analysiert.

Zudem besteht ein konkreter Handlungsbedarf von universitären Fachrichtungen wie der Linguistik, ihr Wissen auf dem Gebiet der Internen Kommunikation vermehrt in die Praxis einfließen zu lassen. Linguistische Forschungsergebnisse in diesem Bereich haben nämlich bislang kaum Eingang in Unternehmen gefunden. Es findet sich die paradoxe Situation, dass sprachbezogene Fragen und Probleme in Unternehmen nur selten von Linguistinnen und Linguisten behandelt werden und dass eine Fülle von Erkenntnissen über Sprache und Kommunikation in Unternehmen brachliegen.

Fragen zur Internen Kommunikation werden bislang vielmehr

von Betriebswirtschaftern oder von Betriebspsychologen beantwortet.

Große Unternehmen sollten vermehrt dieses ungenutzte Wissen für sich gewinnen und die Innovations- und Veränderungskraft junger Fachleute als «Frischzellenkur» ihrer Internen Kommunikation betrachten. Sie sollten für Aufgaben, die der Verbesserung der Internen Kommunikation dienen, vermehrt die Sprachwissenschaft zu Rate ziehen. Denn die Linguistik kann, dank vorhandener wissenschaftlicher Erkenntnis der Strukturen und Funktionen unseres Sprachsystems sowie dank einer entwickelten Methodologie zur Untersuchung sprachlicher Phänomene, Antworten auf konkrete kommunikative Probleme in Unternehmen liefern. Die Linguistik kann durch die Analyse und Optimierung sprachlicher Probleme dazu beitragen, dass Missverständnisse und Irritationen in Unternehmen abgebaut werden und die Basis für eine dialogische Interne Kommunikation aufgebaut wird.

Einzelverbesserungsmaßnahmen der Sprache

Definition interner Kommunikationsrichtlinien

Fast alle großen Unternehmen verfügen über Kommunikationsrichtlinien, die Aufgaben und Ziele der Internen Kommunikation festhalten. Dennoch besteht ein Defizit an Mitarbeiterbefragungen, einer dialogischen Medieninfrastruktur sowie personellen Ressourcen in einer spezialisierten Abteilung für Interne Kommunikation.

In einem weiteren Schritt müssten die Richtlinien analysiert und den vorhandenen Maßnahmen gegenübergestellt werden, um so die Ursachen dieser Diskrepanz zu erkunden. Dann müssten die internen Kommunikationsrichtlinien neu definiert sowie ihre Kontrolle verbindlich festgelegt werden. Dabei ist darauf zu achten, dass die Richtlinien nicht nur die organisatorische, sondern auch die sprachliche Ebene der Internen Kommunikation berücksichtigen. Es soll nicht nur festgehalten werden, welche Stellen zu welchem Zeitpunkt mit wem welche Art von Informationen austauschen oder den Dialog führen, sondern auch, welche Funktion die Sprache für die Unternehmenskultur wahrnimmt und wie sie dementsprechend gestaltet werden muss. Darunter könnte beispielsweise die sprachliche Gleichbehandlung von Frau und Mann oder das Festhalten standardisierter Ausdrucksformen eines Unternehmens (Unternehmenswortschatz) fallen.

Erarbeiten interner Kommunikationshilfen

Vor allem wenig geübte Autorinnen und Autoren wissen oft nicht, welche Beiträge sie aus der Fülle von Meldungen auswählen und wie diese auf spannende und involvierende Art verbunden werden können. Die den Publikationen zugrunde liegenden Inhaltskonzepte bieten ihnen dabei keine große Hilfe. Wie sollen sie einen nach logisch-strukturellen Kriterien aufgebauten Text verfassen, wenn das Inhaltskonzept der Publikation unstrukturiert ist und die einzelnen Beiträge ohne ersichtliche Gliederung (zum Beispiel in Rubriken) aneinander gereiht werden?

In einem ersten Schritt müssen für die internen Publikationen Inhaltskonzepte erarbeitet werden, welche die Anzahl, Reihenfolge und Art der Beiträge festlegen. Zudem müssen sie die für die Textverfassung verantwortlichen Personen sowie die jeweilige Artikelform (Nachricht, Kommentar, Glosse usw.) beinhalten, um so eine gewisse Dramaturgie innerhalb der Publikation aufbauen zu können.

In einem zweiten Schritt wäre die Erarbeitung von Kommunikationshilfen empfehlenswert, in denen stark praxisbezogen die wichtigsten «Tipps und Tricks» zur Verfassung der verschiedenen internen Texte zusammengestellt sind.

Auch für den mündlichen Bereich der Internen Kommunikation wäre die Erarbeitung und Einführung von Kommunikationshilfen zu empfehlen. Sie halten dabei beispielsweise fest, wie Sitzungen effizient gestaltet werden, wie eine Sitzungsmoderation idealerweise erfolgt und wie durch Mimik, Tonlage und Körperhaltung dem Gesagten die entsprechende Bedeutung beigemessen werden kann.

Darüber hinaus können sie für das jeweilige Unternehmen allgemeingültige Verständigungsmodalitäten beinhalten und die «Do's and Dont's» der zwischenmenschlichen Kommunikation festhalten. Dies kann auch für eine präventive Mobbingbekämpfung genutzt werden, indem die Kommunikationshilfen anhand sprachlicher und situativer Beispiele aufzeigen, wann und wie das «normale» Maß sozialer Reibereien überschritten wird.

Die Unternehmensleitung setzt hiermit ein klares Zeichen, dass sie im Unternehmen zwischenmenschliche Bedrängnis nicht akzeptiert und dagegen vorgeht.

Kommunikationshilfen im schriftlichen und mündlichen Bereich sollten als Arbeitshilfen konzipiert sein, die jederzeit zur Hand genommen werden können. Ihre Inhalte können in den Textverfassungs- und Gesprächstrainings besprochen und als «Pocket Guides» abgegeben werden. Auch können sie auf dem Intranet gespeichert oder als zusätzliche Option für den schriftlichen Bereich mit Textverarbeitungsprogrammen verknüpft werden.

Aus- und Fortbildungsmaßnahmen

Sowohl Unternehmensleitungsmitglieder als auch Kommunikationsverantwortliche und Redaktionsmitglieder müssen durch entsprechende Aus- und Fortbildungsmaßnahmen stärker geschult werden. Fortbildungsmaßnahmen werden jedoch bislang für Mitarbeiterinnen und Mitarbeiter mittlerer und unterer Hierarchieebenen knapp gehalten und meist auf Fremdsprachenkurse beschränkt. Ferner prägen traditionelle und nicht mehr zeitgemäße Ausbildungsformen, wie beispielsweise Frontalunterricht in dozierendem Stil, die Bildungspraxis. Dazu kommen starre Organisationsstrukturen, welche eine bereichsübergreifende Weiterbildung erschweren.

In vielen Fällen kommen Weiterbildungskonzepte nicht an, weil sie ungeachtet der sich in raschem Tempo verändernden Wertvorstellungen und ohne Einbezug der persönlichen Zielsetzungen der Mitarbeiterinnen und Mitarbeiter erstellt oder unbesehen von früheren Ausbildungsprogrammen übernommen werden.

Dabei ließen sich in den meisten Bereichen wie Verhandlungstechnik, Handelskorrespondenz oder Telefonkommunikation Verbesserungsmaßnahmen ergreifen, die sowohl positive externe wie auch interne Auswirkungen haben.

Textverfassungstrainings

Textverfassungstrainings gehören vernünftigerweise in die Zuständigkeit von Linguisten. Sie verfügen meist über das nötige fachliche und methodische Wissen.

Solche Trainings können für die Verbesserung interner Publikationen (z. B. Mitarbeiterzeitschrift), des internen Schriftverkehrs (z. B. Informationsrundschreiben) und der internen Dokumentation (z.B. Besprechungsprotokolle) eingesetzt werden. Stellen, die besonders viele interne Texte verfassen, sind die Personalabteilung, die Abteilung Interne Kommunikation sowie Mitarbeitervertretungen. In diesen Bereichen gilt es, vorrangig Textverfassungstrainings anzubieten und Mitarbeiterinnen und Mitarbeiter in folgenden Punkten zu schulen:

- Formaler Aufbau verschiedener Textsorten,
- Aufgabenbezogene Textverfassung,
- Risiken unsachgemäß verfasster Texte,
- Umgang mit sprachlichen Hilfsmitteln,
- Erweiterung des Sprachrepertoires,
- Übereinstimmung von Sprachstil und Unternehmenskultur.

Die Schulung dieser und weiterer Punkte führt dazu, dass interne Texte klarer, wirksamer und überzeugender werden und dadurch von den Mitarbeiterinnen und Mitarbeitern als besser und angenehmer empfunden werden. Zudem setzt die Unternehmensleitung ein positives Zeichen, welche Bedeutung sie den Mitarbeiterinnen und Mitarbeitern in ihrem Unternehmen beimisst. Als «interne Kundinnen und Kunden» werden die Angestellten mit leicht verständlichen und attraktiven Texten versorgt, deren Rezeption schnell und mühelos ist.

Gesprächs- und Kommunikationstrainings

Linguistinnen und Linguisten bringen von ihrer Ausbildung die theoretischen und teils praktischen Grundlagen für Gesprächs- und Kommunikationstrainings bereits mit, die aber zumindest durch didaktische und pädagogische Kenntnisse ergänzt werden müssten. Viele Sprachwissenschaftler nehmen bereits im Studium in Hinblick auf eine mögliche Lehrtätigkeit an Didaktik- und Pädagogikkursen teil und verfügen meist über die entsprechenden universitären Bestätigungen. Da es weder in der Psychologie noch in den Wirtschaftswissenschaften Studienangebote gibt, die allen Aspekten von Gesprächs- und Kommunikationstrainings gerecht werden, können Linguistinnen und Linguisten als die am besten vorbereiteten Lehrkräfte bezeichnet werden.

Die Spannbreite dessen, was sie in den Trainings vermitteln können, ist sehr groß. Es können sowohl verbale und nonverbale als auch interaktive und kognitive Fertigkeiten vermittelt werden:

Verbale und nonverbale Fertigkeiten

1. Allgemeine Aspekte der Sprache
2. Voraussetzungen für eine verständliche Informationsvermittlung und Dialogführung
3. Psychologische Aspekte bei der Informationsvermittlung und Dialogführung
4. Körpersprache (Bedeutung, Formen, Funktionen)
5. Allgemeine Redequalifikationen

Interaktive Fertigkeiten

6. Mut zur Selbstöffnung (Echtheit, Ausdruck von Gefühlen)
7. Aufbau eines positiven Selbstbildes (Souveränität, Selbstsicherheit)
8. Persönliches Wollen (Aktivität, Kontaktbereitschaft)
9. Meinungsvielfalt und Zivilcourage
10. Fähigkeit, sich in die Rolle des anderen zu versetzen
11. Fähigkeit, unterschiedliche Rollen einzunehmen
12. Fähigkeit, Verhaltensweisen in Anpassung an den Kontext zu verändern
13. Direktheit im Verhalten
14. Dialogfähigkeit
15. Gesprächsführung in Gruppen
16. Techniken der Moderation und Visualisierung
17. Fähigkeiten zum konstruktiven Umgang mit Konflikten

18. Fähigkeiten zum konstruktiven Umgang mit Kritik
19. Fähigkeiten zum konstruktiven Umgang mit Problemen
20. Fertigkeiten zur Anwendung von Feedback
21. Fertigkeiten in der Metakommunikation
22. Kenntnisse über die Probleme sozialer Beziehungen
23. Fähigkeit zur Analyse von Kommunikationsprozessen

Kognitive Fertigkeiten

24. Kognitives Wissen über die Probleme der Wahrnehmung
25. Sensibilität in der Aufnahme von Informationen
26. Sensibilität für soziale Prozesse
27. (Aktives) Zuhören
28. Zielorientiertheit
29. Fähigkeit zur Antizipation

Quelle: Wahren (1987:200)

Aus diesen Ansatzpunkten gilt es, die für die Zielerreichung eines Kurses jeweils notwendigen Bestandteile miteinander zu verknüpfen und ein möglichst individuelles Gesprächs- und Kommunikationstraining aufzubauen.

Gesamtverbesserungsmaßnahmen

Gesamtverbesserungsmaßnahmen greifen tiefer. Sie müssen detailliert geplant, mit den Zielen und Aufgaben der Unternehmenskommunikation abgestimmt und langfristig angelegt sein. Die Gesamtverbesserung ist eine Langzeitaufgabe, in deren Folge eine Vielzahl von internen Spannungen und Konflikten entstehen und gelöst werden müssen.

Entscheidend sind deshalb die einheitliche Grundhaltung und das entsprechende Engagement der Unternehmensleitung und der oberen Führungskräfte. Denn die Gesamtverbesserungsmaßnahmen der Internen Kommunikation müssen von der Unternehmensleitung nicht nur genehmigt, sondern unterstützt und wenn nötig mit aller Kraft durchgesetzt werden. Der neue interne Kommunikationsstil muss von der Unternehmensleitung praktiziert und vorgelebt werden, da die Veränderungen sonst reine Alibiübungen bleiben.

Das Bekenntnis zur Gesamtverbesserung ist gleichzeitig ein Bekenntnis zum «lernenden Unternehmen», in dem den Mitarbeiterinnen und Mitarbeitern mehr Gewicht zugesprochen wird.

Bei der Planung und Umsetzung einer verbesserten Internen Kommunikation muss ein mehrstufiges Vorgehen gewählt werden. Dabei ist zwischen einer Analyse-, Strategie-, Einführungs- und Bewirtschaftungsphase zu unterscheiden (siehe Abb. Seite 173).

Eine detaillierte Ist-Analyse mit genauen Angaben der organisatorischen sowie sprachlichen Struktur und ihrer Defizite bildet die Basis für Gesamtverbesserung der Internen Kommunikation. Dabei müssen auf organisatorischer Ebene die gegenwärtigen Verantwortlichkeiten, die interne Medieninfrastruktur, die personellen Ressourcen, das Vorhandensein interner Kommunikationsrichtlinien sowie die Frequenz von Mitarbeiterbefragungen analysiert werden. Auf sprachlicher Ebene gilt es, die verschiedenen Formen mündlicher Besprechungen und Sitzungen sowie die bedeutendsten schriftlichen internen Medien sprachwissenschaftlich zu untersuchen. Zudem müssen die Schnittstellen zur externen Kommunikation, zur Unternehmenskommunikation und zur Unternehmensleitung definiert werden. Erst aufgrund dieser umfassenden Ergebnisse können die Kommunikations-

1. Analyse der Internen Kommunikation

– Festlegung der Kommunikationsziele

– Identifizierung der relevanten Zielgruppen

2. Erarbeitung der Kommunikationsstrategie

– Erarbeitung des «Positionierungsmodells»

– Erarbeitung des «Mission-Statements»

– Definition der relevanten Kommunikationsinhalte

– Definition der Medieninfrastruktur

– Kalkulation des Budgets

3. Einführung der neuen Internen Kommunikation

– Einführungsveranstaltung mit allen Mitarbeiterinnen und Mitarbeitern

– Einführung der neuen Maßnahmen und Medien

– Schulung der Führungskräfte sowie der Mitarbeiterinnen und Mitarbeiter

4. Institutionalisierung der neuen Internen Kommunikation

– Kontrolle der Kommunikationswirkungen

– Modifikation der Maßnahmen und Medien

ziele sowie die unterschiedlichen Zielgruppen bestimmt werden.

Nach der Genehmigung dieser Punkte durch die Unternehmensleitung wird die neue interne Kommunikationsstrategie erarbeitet. Im «Positionierungsmodell» werden die momentane und zukünftige Position des Unternehmens und die damit verbundenen Aufgaben der Internen Kommunikation dokumentiert. Zudem wird auf der Basis dieses Modells ein «Mission-Statement» entwickelt, welches in knapper Form die Zielsetzungen der verbesserten Internen Kommunikation aufzeigt.

Entscheidend ist hier, dass nicht nur organisatorische, sondern auch unternehmenskulturelle Aspekte einfließen. Das Unternehmen hat hier die Möglichkeit, seine kulturellen Kernwerte zu verankern, sich gegenüber der Konkurrenz weiter zu differenzieren und sein Image von innen nach aussen grundlegend zu verändern.

Neben der Erarbeitung des «Positionierungsmodells» sowie des «Mission-Statements» muss die Kommunikationsstrategie aber auch definieren, welche Inhalte welchen Zielgruppen zu welchem Zeitpunkt vermittelt werden. Eine Medieninfrastruktur muss aufgebaut werden. Sie wird bei der Einführung und später bei der alltäglichen Umsetzung in entscheidendem Maß über den Erfolg oder Misserfolg der verbesserten Internen Kommunikation entscheiden. Auch müssen die Kosten für die Einführungs- und Bewirtschaftungsphase berechnet werden. Hierbei fallen neben den Personalkosten vor allem die Kosten für die revidierte Medieninfrastruktur ins Gewicht. Alle Punkte der Kommunikationsstrategie müssen von der Unternehmensleitung genehmigt werden, bevor die einzelnen Maßnahmen umgesetzt werden können.

Die Einführung sollte möglichst früh und unternehmensweit angekündigt und mit einer Dialogveranstaltung für alle Mitarbeiterinnen und Mitarbeiter erlebbar gemacht werden. Denn bereits die Art der Ankündigung, die Vorbereitungszeit sowie die Initialzündung im Rahmen einer Mitarbeiterveranstaltung sind die ersten Bestandteile der neuen Internen Kommunikation und tragen entscheidend zu ihrer Akzeptanz bei.

Neben der Thematisierung der veränderten Internen Kommunikation in den neu eingeführten oder verbesserten internen Medien sollte eine Auseinandersetzung mit ihren neuen Werten und Inhalten in Workshops, Trainings und Diskussionsrunden stattfinden. Auch sollten direkte Kanäle geschaffen und unterhalten werden, in denen Mitarbeiterinnen und Mitarbeiter aller Hierarchieebenen ihre Anregungen, Ideen und Vorschläge direkt an die Verantwortlichen der neuen Internen Kommunikation richten können. Die Mitarbeiterinnen und Mitarbeiter müssen ermuntert werden, die neuen Umgangsformen bei ihren Vorgesetzten einzufordern und die Unternehmensleitung muss die Vorgesetzten in die Pflicht nehmen, die neuen Kommunikationsformen auch zu praktizieren.

Vor allem in Unternehmen, die in der Vergangenheit ihre Interne Kommunikation vernachlässigt haben, kommt diesem Punkt eine wichtige Bedeutung zu. In ihnen haben sich unsystematische Kommunikationszentren und Kommunikationssubkulturen entwickelt, die sich durch die Einführung der verbesserten Internen Kommunikation ihres Einflusses beraubt sehen und alle Anstrengungen unternehmen werden, die Gesamtverbesserung zu umgehen oder sie gar zu sabotieren. Diese kommunikativen «Herrschaftssitze» gilt es bei der Einführung der verbesserten Internen Kommunikation mit aller Energie aufzubrechen und zu bekämpfen.

Nach der Einführungsphase müssen die Neuerungen institutionalisiert werden. Die veränderten Maßnahmen und Wertvorstellungen müssen verankert und täglich praktiziert werden. Nur so werden sie zur Selbstverständlichkeit und damit zum Teil der Unternehmenskultur. Zudem müssen die eingesetzten Maßnahmen nach einer gewissen Zeitspanne kontrolliert und auf ihre Wirkungen hin analysiert werden. Ihre sanfte Modifikation führt so zu einem ständigen Entwicklungs- und Veränderungsprozess des «selbst lernenden» Unternehmens.

Die hier theoretisch und nur in groben Zügen vorgestellten Möglichkeiten der Gesamtverbesserung der Internen Kommunikation sollen nun an einem Beispiel verdeutlicht werden. Es handelt sich hierbei um die grundlegende Veränderung der Internen Kommunikation bei der deutschen Hypo-Bank im Rahmen ihrer Unternehmensrestrukturierung.

Gesamtverbesserungsmaßnahmen bei der Hypo-Bank

Eine Studie der deutschen Hypo-Bank förderte zu Beginn der achtziger Jahre ein erhebliches Defizit ihrer Internen Kommunikation zu Tage. Die Unternehmensleitung beschloss, eine ganztägige Klausur einzuberufen, die sich ausschließlich dem Thema «Verbesserung der Kommunikation in der Bank» widmete und in deren Folge die Umsetzung der verbesserten Internen Kommunikation verabschiedet wurde.

Im Herbst 1982 wurde die erste Mitarbeiterbefragung durchgeführt, welche den aktuellen Stand der Internen Kommunikation erhob und die aus der ersten Analyse festgestellten Defizite verdeutlichte. Daraufhin besprach die Unternehmensleitung mit allen oberen Führungskräften, den Mitarbeitervertretern und allen Bereichsleitern in Workshops und Dialogveranstaltungen die momentane Situation sowie das beabsichtigte weitere Vorgehen.

Zudem dienten die Workshops dazu, die durch die Befragung sichtbar gemachten Kommunikationsdefizite zwischen Unternehmensleitung und oberen Führungskräften zuerst zu bewältigen, bevor die unternehmensweite Verbesserung der Internen Kommunikation eingeleitet wurde.

Im Frühjahr 1989 wurden schließlich die interne und externe Kommunikation im neu geschaffenen Bereich Unternehmenskommunikation zusammengefasst. Dieser Bereich wurde direkt der Unternehmensleitung unterstellt und fasste unter anderem die Interne Kommunikation, die Presse- und Öffentlichkeitsarbeit, die Werbung sowie das Erscheinungsbild zusammen. Der Internen Kommunikation wurde dabei vor allem die Rolle als Erfolgsfaktor in Veränderungsprozessen zugewiesen. Die internen Medien wurden miteinander verknüpft und aufeinander abgestimmt, sodass die erste interne Medieninfrastruktur entstand:

1. *Kontinuierliche Kommunikation mit Führungskräften*
   - Kommunikationsforen
   - Führungsbrief
   - Beratungskreis
   - Führungs-Info
   - Broschüren über Kommunikationsforen

2. *Kontinuierliche Kommunikation mit Mitarbeiterinnen und Mitarbeitern*
   - Mitarbeiterzeitung
   - Gespräche vor Ort
   - Infotelefon

3. *Regelmäßige Information wichtiger Gremien*
   - Gesamtbetriebsrat
   - Wirtschaftsausschuss
   - Sprecherausschuss der leitenden Angestellten

Während der Restrukturierung wurde neben diesen definierten Standardmedien eine Reihe weiterer Medien eingesetzt. Dazu gehörte eine Serie regionaler Orientierungsveranstaltungen, in denen die Mitarbeiterinnen und Mitarbeiter über die zukünftige Struktur der Bank, über neue Aufgaben und Berufschancen sowie über ihre neuen Vorgesetzten orientiert wurden und in denen sie das Gespräch mit den Verantwortlichen der Restrukturierung führen konnten.

Ein Informations- und Gerüchtetelefon sowie eine spezielle Publikationsreihe zum Projekt waren weitere Medien, die während der Restrukturierung eingesetzt wurden. In dem über zehnjährigen Veränderungsprozess haben sich die wichtigsten Medien herauskristallisiert und werden in regelmäßigen Abständen überprüft und verbessert. Die folgende Übersicht über die Medieninfrastruktur des Unternehmens zeigt den aus Erfahrung gewachsenen Charakter der Kommunikationsmaßnahmen.

Instrumente	Zielgruppen	Häufigkeit	Zuständigkeit
Direkte, Persönliche Kommunikaton			
Dialog-Veranstaltung	OFK und Vorstand	1-mal/Jahr	Vorstand
Bilanzkonferenz	OFK und Vorstand	1-mal/Jahr	Vorstand
Herbstkonferenz	OFK und Vorstand	1-mal/Jahr	U, P
Frühjahrsklausur des OFK	OFK	1-mal/Jahr	UK
Filialleiter-Tagung	FK der örtl. Ressorts	2-mal/Jahr	Ressortchef
Fachabt.leiter-Tagung	L/Fachabt. eines Fachres.	2-4-mal/Jahr	Ressortchef
Ressort-Besprechung	OFK/FK eines Ressorts	lt. Komm.plan	Ressortchef
GB-Besprechung	FK eines GB	lt. Komm.plan	L/GB
Filial-Besprechung	MA/FK einer Filiale	lt. Komm.plan	Filialleiter
Abteilungs-Besprechung	MA einer Abteilung	lt. Komm.plan	Abteilungsleiter
Gruppen-Besprechung	MA einer Gruppe	lt. Komm.plan	Gruppenleiter
Mitarbeiter-Gespräch	einzelner Mitarbeiter	bei Bedarf	Vorgesetzter
Seminare/Trainings	verschieden	unterschiedlich	P und Fachressorts
Bildungsstellen-Veranstaltung	MA eines GB/Filiale	bei Bedarf	L/GB, L/Filiale, L/Fachabt.
Unternehmensversammlung	alle MA1	bei Bedarf	Vorst, bzw. L/GB
Klausuren	verschieden	bei Bedarf	
Teamentwicklungsveranst.	MA einer org. Einheit	bei Bedarf	Vorges.m. Unterst. von P.

Papiermedien			
Führungsbrief	OFK bzw. alle FK	bei Bedarf	Vorstandssprecher
Vorstandshausbrief	FK2	bei Bedarf	Vorstand
Führungs-Info	alle FK	bei Bedarf	UK/M
IWD AO/Fachstellen	alle MA3	bei Bedarf	O/ORG-
Hypopress	alle MA	9-mal/Jahr	UK/M
Hypopress aktuell	alle MA	bei Bedarf	UK/M
Hypopress spezial	alle MA3	bei Bedarf	UK/M
Stellenmarkt	alle MA	wöchentlich	P
Mitarbeiter-Broschüren	alle MA3	bei Bedarf	UK/M
Publik. der Fachressorts	alle MA d. Fachressorts 3	bei Bedarf	Ressortchef
Blaues Brett	alle MA einer räuml. Einh.	bei Bedarf	verschieden
Elektronische Medien			
Info-Terminal	alle MA der Linie 4	bei Bedarf	Ressortchef O
Lautsprecher-Anlage	alle MA der Z 2	bei Bedarf	O/ORG
Telefon-Konferenz	zum Beispiel der FK der Linie 5	bei Bedarf	
Info-Telefon	alle MA6	laufend	UK/M
AV-Medien	nach Bedarf	bei Bedarf	AV-Ausschuss

1 auch selektiv für bestimmte Unternehmensbereiche
2 auch selektiv an bestimmte FK-Gruppen möglich
3 auch selektiv an bestimmte MA-Gruppen möglich
4 Kundengeschäft hat Vorrang
5 Teilnehmer sind individuell festzulegen
6 nur Informationsvermittlung!

Stand November 1992 Quelle Dotzler/Schick (1993 : 134)

Ausblick

Wie die empirische Untersuchung zeigt, wird das Potenzial der Internen Kommunikation zwar auf breiter Basis erkannt, bislang aber erst in wenigen großen Unternehmen mit der nötigen Professionalität umgesetzt. Sowohl auf organisatorischer wie auf sprachlicher Ebene weist sie in der Praxis zum Teil erhebliche Defizite auf.

Auf organisatorischer Ebene sind dies vor allem fehlende Mitarbeiterbefragungen als Basis einer fundierten internen Kommunikationstätigkeit, fehlende personelle Ressourcen innerhalb einer spezialisierten Abteilung für Interne Kommunikation sowie fehlende Dialogmedien, welche die definierten Dialogaufgaben auch umsetzen können.

Auf sprachlicher Ebene zeigen sich Probleme in der zielgerichteten und dialogischen Textverfassung. Der regelmäßige sprachliche Austausch mit den Mitarbeiterinnen und Mitarbeitern wird in den wenigsten Unternehmen ermöglicht. Interne Kommunikation wird in den meisten großen Unternehmen immer noch als interne Information betrieben. Dabei werden die größere Flexibilität und Dynamik des Unternehmens durch umfassend orientierte sowie motivierte Mitarbeiterinnen und Mitarbeiter kaum praktiziert.

Die Betrachtung der Internen Kommunikation als Wettbewerbsvorteil ist noch nicht in den Köpfen der Verantwortlichen verankert, sondern höchstens als Schlagwort wahrgenommen worden. Zudem zeigt sich bei den Kommunikationsverantwortlichen eine Passivität und Lethargie in der Umsetzung innovativer interner Maßnahmen und Medien.

Wenn die Möglichkeiten der Internen Kommunikation wahrgenommen werden sollen, muss sie mit verstärkter Professionalität betrieben werden. Interne Kommunikation darf nicht länger als Appendix der Public-Relations- oder Personalabteilung verstanden werden. Interne Kommunikationsmanager mit den entsprechenden Kompetenzen, Budgets und Angestellten müssen vermehrt eingesetzt werden und die vielschichtigen Aufgaben übernehmen. Zudem müssen die Mitarbeiterinnen und Mitarbeiter vermehrt als interne Kundinnen und Kunden angesehen werden. Schließlich erstellen sie den Großteil der unternehmerischen Leistungen und repräsentieren in vielen Bereichen das Unternehmen gegen aussen.

Ihre Bewirtschaftung mit professionell aufbereiteten und umgesetzten Informationen sowie die Führung des Dialoges zwischen ihnen und der Unternehmensleitung sollte zur Selbstverständlichkeit werden. Hierzu gehört auch die Fähigkeit von Unternehmensleitungen, über Negatives berichten zu können, bei Problemsituationen Stellung zu beziehen und Lösungsansätze aufzuzeigen. Neben der Öffnung der Wirtschaft wird aber auch eine verstärkte Beschäftigung der Wissenschaft mit Kommunikationsphänomenen in und von Unternehmen gefordert.

Die empirische Untersuchung der Internen Kommunikation steht erst an ihrem Anfang. Bedeutende Impulse und Veränderungen können aber nur zum Tragen kommen, wenn ein Umdenken auf Unternehmens- und Universitätsseite stattfindet und sich beide Seiten zu Kooperationen entschließen. Dabei ist die Wirtschaft gefordert, Transparenz zuzulassen und ihre Tore zur Erforschung der Internen Kommunikation zu öffnen. Andererseits muss die Wissenschaft Methoden und Instrumente mit stark praxisorientierter Ausrichtung entwickeln. Denn nur wenn die universitären Fachrichtungen wie die Linguistik konkrete, in der unternehmerischen Praxis umsetzbare und anwendbare Ergebnisse liefern, lohnen sich die gegenseitigen Aufwände und rechtfertigen sich die engeren Zusammenarbeitsformen beider Bereiche.

V. Bibliografie

IV.1 Wissenschaftliche Arbeiten

Alewell, K. et al. (1972): *Anwendung des Systemkonzepts auf betriebswirtschaftliche Probleme.* In: Bleicher, K. (Hrsg.): Organisation als System. Gabler, Wiesbaden, S. 217–222.

Bartsch, E. (1994, Hrsg.): *Sprechen, Führen, Kooperieren in Betrieb und Verwaltung: Kommunikation in Unternehmen.* Ernst Reinhardt Verlag, München.

Baumann, K.-D. (1987): *Ein Versuch der ganzheitlichen Betrachtung von Fachtexten.* In: Hoffmann, L. (Hrsg.): Fachsprachen. Instrument und Objekt. Verlag Enzyklopädie, Leipzig, S. 10–22.

Becker-Mrotzek, M. (1992): *Diskursforschung und Kommunikation in Institutionen.* Julius Groos Verlag, Heidelberg.

Becker-Mrotzek, M./Doppler, Ch. (1999, Hrsg.): *Medium Sprache im Beruf. Eine Aufgabe für die Linguistik.* Gunter Narr Verlag, Tübingen.

Beger, R. et al. (1989): *Unternehmenskommunikation. Grundlagen, Strategien, Instrumente.* Gabler GmbH, Frankfurt am Main.

Bleicher, K. (1972): *Die Entwicklung eines systemorientierten Organisations- und Führungsmodells der Unternehmung.* In: Bleicher, K. (Hrsg.): Organisation als System. Gabler, Wiesbaden, S. 235–296.

Bolten, J. (1991): *Interkulturelles Kommunikationstraining.* In: Bungarten, Th. (Hrsg.): Konzepte zur Unternehmenskommunikation, Unternehmenskultur und Unternehmensidentität. Attikon Verlag, Tostedt, S. 41–43.

Brandt, M. et al. (1983): *Der Einfluss der kommunikativen Strategie auf die Textstruktur – dargestellt am Beispiel des Geschäftsbriefs.* In: Rosengren, I. (Hrsg.): Sprache und Pragmatik. Lunder Symposium 1982, Malmö, S. 105–135.

Brinker, K. (1983): Textfunktionen. Ansätze zu ihrer Beschreibung. In: Zeitschrift für germanistische Linguistik 11, S. 127–148.

Bruhn, M. (1990): Marketing: *Grundlagen für Studium und Praxis.* Gabler, Wiesbaden.

Bruhn, M. (1991): *Sicherstellung der Dienstleistungsqualität durch integrierte Kommunikation.* In: Bruhn, M./Stauss, B. (Hrsg.): Dienstleistungsqualität. Konzepte, Methoden, Erfahrungen. Gabler, Wiesbaden, S. 137–165.

Bruhn, M. (1992): *Integrierte Unternehmenskommunikation. Ansatzpunkte für eine strategische und operative Umsetzung integrierter Kommunikationsarbeit.* Schäffer-Poeschel Verlag, Stuttgart.

Bruhn, M./Dahlhoff, H.D. (1993, Hrsg.): *Effizientes Kommunikationsmanagement. Konzepte, Beispiele und Erfahrungen aus der integrierten Unternehmenskommunikation.* Schäffer-Poeschel Verlag, Stuttgart.

Bruhn, M. (1995, Hrsg.): *Internes Marketing. Integration der Kunden- und Mitarbeiterorientierung. Grundlagen, Implementierung, Praxisbeispiele.* Gabler, Wiesbaden.

Bruhn, M. (1997): *Kommunikationspolitik. Bedeutung, Strategien, Instrumente.* Verlag Franz Vahlen, München.

Bruhn, M. (1998): *Interne Kommunikation.* In: Meyer, A. (Hrsg.): Handbuch Dienstleistungs-Marketing. Schäffer-Poeschel Verlag, Stuttgart, S. 1045–1062.

Brünner, G. (1991): *Linguistik und Wirtschaft.* In: Klein, E. (Hrsg.): Betriebslinguistik und Linguistikbetrieb. Akten des 24. Linguistischen Kolloquiums. Max Niemeyer Verlag, Tübingen, S. 3–12.

Brünner, G. (1992): *«Wenn gute Reden sie begleiten, dann fließt die Arbeit munter fort.» Zum Verhältnis von Kommunikation und Arbeit in Wirtschaftsunternehmen.* In: Spillner, B. (Hrsg.): Wirtschaft und Sprache. Kongressbeiträge zur 22. Jahrestagung der Gesellschaft für Angewandte Linguistik. Forum Angewandte Linguistik, Bd. 23. Peter Lang, Frankfurt am Main, S. 25–42.

Brünner, G. (1993): *Mündliche Kommunikation in Fach und Beruf.* In: Bungarten, T. (Hrsg.): Fachsprachentheorie. Attikon Verlag, Tostedt, S. 730–771.

Brünner, G. (2000): *Wirtschaftskommunikation: linguistische Analyse ihrer mündlichen Formen.* Max Niemeyer Verlag, Tübingen.

Bungarten, T. (1983): *Fachsprachen und Kommunikationskonflikte in der heutigen Zeit.* In: Kelz, H. P. (Hrsg.): Fachsprache. Dümmlers Verlag, Bonn, S. 130–142.

Burger, H. (1990): *Sprache der Massenmedien.* De Gruyter, Berlin u. a.

Burger, H. (1991): *Das Gespräch in den Massenmedien.* De Gruyter, Berlin u. a.

Derieth, A. (1995): *Unternehmenskommunikation. Eine theoretische und empirische Analyse zur Kommunikationsqualität von Wirtschaftsorganisationen.* Westdeutscher Verlag, Opladen.

Deutsch, Ch. (1991): *Bessere Kommunikation im Unternehmen: Mitwissen, Mitreden, Mitgewinnen. Wie Top-Firmen ihre Mitarbeiter motivieren.* In: Management Wissen 4/1991. MP Management Presse Verlag, München, S. 16–39.

Domsch, M./Ladwig, D. (1995): *Mitarbeiterbefragungen als marktorientiertes Instrument einer professionellen Personalarbeit.* In: Bruhn, M. (Hrsg.): Internes Marketing. Gabler, Wiesbaden, S. 415–432.

Dotzler, H.-J./Schick, S. (1991): *Systematische Mitarbeiterkommunikation als Instrument der Qualitätssicherung.* In: Bruhn, M./Stauss, B. (Hrsg.): Dienstleistungsqualität. Konzepte, Methoden, Erfahrungen. Gabler, Wiesbaden, S. 267–283.

Dotzler, H.-J./Schick, S. (1993): *Integration der Mitarbeiterkommunikation: das Beispiel Bayerische Hypotheken- und Wechsel-Bank.* In: Bruhn, M./Dahlhoff, H.D. (Hrsg.): Effizientes Kommunikationsmanagement. Konzepte, Beispiele und Erfahrungen aus der integrierten Unternehmenskommunikation. Schäffer-Poeschel Verlag, Stuttgart, S. 127–143.

Dotzler, H.-J. (1995): *Gestaltung der internen Kommunikation als Grundlage marktorientierter Veränderungsprozesse – am Beispiel der Hypo-Bank.* In: Bruhn, M. (Hrsg.): Internes Marketing. Gabler, Wiesbaden, S. 221–237.

Ehlich, Konrad (1999): *Vom Nutzen der «Funktionalen Pragmatik» für die angewandte Linguistik.* In: Becker-Mrotzek M./Doppler, Ch. (Hrsg.): Medium Sprache im Beruf. Eine Aufgabe für die Linguistik. Gunter Narr Verlag, Tübingen, S. 23–37.

Felser, P. (1995): *Intensität der Werbeforschung großer Werbetreibender.* Shaker, Aachen.

Fiehler, R. (1991): *Unternehmensphilosophie und Kommunikationsschulung. Neue Wege und neue Probleme für betriebliche Kommunikationstrainings.* In: Bungarten, Th. (Hrsg.): Kon-

zepte zur Unternehmenskommunikation, Unternehmenskultur und Unternehmensidentität. Attikon Verlag, Tostedt, S. 67–69.
Fluck, H.-R. (1975): *Fachsprachen. Einführung und Bibliografie.* Francke, München.
Frey, J. et al. (1990): *Telefonumfragen in der Sozialforschung. Methoden, Techniken, Befragungspraxis.* Westdeutscher Verlag, Opladen.
Frilling, S. (1988): *Offizielle Informationsbroschüren: Ein Ansatz zur linguistischen Analyse institutionsgebundener Gebrauchstexte.* In: Reiter, N. (Hrsg.). Sprechen und Hören. Akten des 23. Linguistischen Kolloquiums, Berlin 1988. Max Niemeyer Verlag, Tübingen, S.461–469.
Fuchs, H. (1972): *Systemtheorie.* In: Bleicher, K. (Hrsg.): Organisation als System. Gabler, Wiesbaden, S. 47–58.
Fuchs, H. (1973): *Systemtheorie und Organisation. Die Theorie offener Systeme als Grundlage zur Erforschung und Gestaltung betrieblicher Systeme.* Gabler, Wiesbaden.
Gelchsheimer, J. (1991): *Zur Bild-Text-Relation in den deutschsprachigen Betriebsbroschüren.* In: Bungarten, Th. (Hrsg.): Konzepte zur Unternehmenskommunikation, Unternehmenskultur und Unternehmensidentität. Attikon Verlag, Tostedt, S. 72–74.
George, W./Grönroos, Ch. (1998): *Internes Marketing: Kundenorientierte Mitarbeiter auf allen Unternehmensebenen.* In: Bruhn, M. (Hrsg.): Internes Marketing. Integration der Kunden- und Mitarbeiterorientierung. Grundlagen, Implementierung, Praxisbeispiele. Gabler, Wiesbaden, S. 63–87.
Grochla, E. (1972): *Systemtheorie und Organisationstheorie. In: Bleicher, K. (Hrsg.): Organisation als System.* Gabler, Wiesbaden, S. 123–138.
Guenich, A. (1989): *Industrielles Kommunikationstraining als linguistisches Arbeitsfeld.* In: Reiter, N. (Hrsg.): Sprechen und Hören. Akten des 23. Linguistischen Kolloquiums, Berlin 1988. Max Niemeyer Verlag, Tübingen, S. 115–124.
Günther, Ud. (1999): *Linguistik und Industrie: Chancen der Zusammenarbeit.* In: Becker-Mrotzek M./Doppler, Ch. (Hrsg.): Medium Sprache im Beruf. Eine Aufgabe für die Linguistik. Gunter Narr Verlag, Tübingen, S. 111–123.
Günther, Ul. (1992): *«und aso das isch gar need es Tabu bi üs, nei, überhaupt need.» Sprachliche Strategien bei Phone-in-Sendungen am Radio zu tabuisierten Themen.* Verlag Peter Lang, Bern u. a.
Günther, Ul. (1996a): *Innerbetriebliche Informationsvermittlung. Mündliche und schriftliche Kommunikation in Schweizer Großbetrieben.* In: Budin, G. (Hrsg.): Multilingualism in specialist communication. IITF, Wien, S. 771–784.
Günther, Ul./Wyss E. L. (1996b): *E-Mail-Briefe – eine neue Textsorte zwischen Mündlichkeit und Schriftlichkeit.* In: Hess-Lüttich, E. et al. (Hrsg.): Textstrukturen im Medienwandel. Verlag Peter Lang, Bern u. a., S. 61–86.
Häcki Buhofer, A. (1985): *Schriftlichkeit im Alltag. Theoretische und empirische Aspekte – am Beispiel eines Schweizer Industriebetriebs.* Verlag Peter Lang, Bern u. a.
Häcki Buhofer, A. (1993): *Instrumentelles Schreiben im Alltag – Schriftliche Versandhandelskommunikation.* In: Werlen, I. (Hrsg.): Schweizer Soziolinguistik – Soziolinguistik in der Schweiz. Bulletin Cila Nr. 58, Neuchâtel.
Hartig, M. (1983): *Fachsprachen, Sprachplanung und Ziele der Sprachpolitik. In: Kelz, H. P. (Hrsg.):* Fachsprache. Dümmlers Verlag, Bonn, S. 118–129.
Heinemann, W./Viehweger, D. (1991): *Textlinguistik.* Max Niemeyer Verlag GmbH, Tübingen.
Henke, A.-M. (1989): *Industrielle Fremdsprachenbedarfsermittlung als linguistisches Arbeitsfeld.*

In: Reiter, N. (Hrsg.). Sprechen und Hören. Akten des 23. Linguistischen Kolloquiums, Berlin 1988. Max Niemeyer Verlag, Tübingen, S. 103–114.

Henke, A.-M. (1991): *Zur Geschichte der Betriebslinguistik.* In: Klein, E. (Hrsg.): Betriebslinguistik und Linguistikbetrieb. Akten des 24. Linguistischen Kolloquiums. Max Niemeyer Verlag, Tübingen, S. 13–20.

Hilb, M. (1992, Hrsg.): *Innere Kündigung. Ursachen und Lösungsansätze.* Verlag Industrielle Organisation, Zürich.

Hoffmann, L. (1987): *Fachsprachen – Instrument und Objekt.* Verlag Enzyklopädie, Leipzig.

Kalmus, M. (1982): *Aufgaben und Probleme der innerbetrieblichen Öffentlichkeitsarbeit.* In: Haedrich, G. (Hrsg.): Öffentlichkeitsarbeit. Dialog zwischen Institutionen und Gesellschaft. Walter de Gruyter, Berlin u. a., S. 93–105.

Kalmus, M. (1994): *Innerbetriebliche Kommunikation.* In: Kalt, G. (Hrsg.). Öffentlichkeitsarbeit und Werbung. Instrumente, Strategien, Perspektiven. 5. Auflage. Institut für Medienentwicklung und Kommunikation GmbH, Frankfurt am Main, S. 69–74.

Kern, W. (1992): *Veränderungen in der Unternehmung erfordern situationsgerechte Kommunikation.* In: Praxis 4/1992, S. 68–72.

Kleinberger Günther, U. (1998): *Medien im beruflichen Alltag.* In: Pfammater, R. (Hrsg.): Multi Media Mania. Reflexionen zu Aspekten Neuer Medien. UVK Medien, Konstanz, S. 157–172.

Knapp, K./Wagner, J. (1992): *Betriebliche Sprach- und Kommunikationsstrukturen.* In: Spillner, B. (Hrsg.). Wirtschaft und Sprache. Kongressbeiträge zur 22. Jahrestagung der Gesellschaft für Angewandte Linguistik. Forum Angewandte Linguistik, Bd. 23. Peter Lang, Frankfurt am Main, S. 43–44.

Konegen-Grenier, Ch. (1999): *Berufschancen für Geisteswissenschaftler in der Wirtschaft.* In: Becker-Mrotzek M./Doppler, Ch. (Hrsg.): Medium Sprache im Beruf. Eine Aufgabe für die Linguistik. Gunter Narr Verlag, Tübingen, S. 53–67.

König, R. (1992): *Diskursethik und Unternehmenskultur – sind kritische Öffentlichkeiten im Wirtschaftsbetrieb möglich.* In: Spillner, B. (Hrsg.). Wirtschaft und Sprache. Kongressbeiträge zur 22. Jahrestagung der Gesellschaft für Angewandte Linguistik. Forum Angewandte Linguistik, Bd. 23. Peter Lang, Frankfurt am Main, S. 59–66.

Kremer, M. (1993): *Neue Wege der integrierten Kommunikation: das Beispiel 3M.* In: Bruhn, M./Dahlhoff, H.D. (Hrsg.): Effizientes Kommunikationsmanagement. Konzepte, Beispiele und Erfahrungen aus der integrierten Unternehmenskommunikation. Schäffer-Poeschel Verlag, Stuttgart, S. 99–111.

Lambertz, T. (1999): *Medium Sprache in der öffentlichen Verwaltung.* In: Becker-Mrotzek M./Doppler, Ch. (Hrsg.): Medium Sprache im Beruf. Eine Aufgabe für die Linguistik. Gunter Narr Verlag, Tübingen, S. 143–160.

Lenz, F. (1994): *Gesprächsorganisatorische Aspekte innerbetrieblicher Besprechungen.* In: Bungarten, Th. (Hrsg.): Kommunikationsprobleme in und von Unternehmen. Attikon-Verlag, Tostedt, S. 108–120.

Leister, K. (1991): *Sprache als strategisches Instrument von Unternehmensethik.* In: Linguistische Arbeiten. Akten des 25. Linguistischen Kolloquiums, Bd. 2. Innovation und Anwendung. Max Niemeyer Verlag, Tübingen, S. 403–409.

Lüschow, F. (1994): *Die «kooperative Krisenbesprechung» als Instrument im Krisenmanagement.* In: Bartsch, E. (Hrsg.): Sprechen, Führen, Kooperieren in Betrieb und Verwaltung. Reinhardt, München u. a., S. 110–121.

Macharzina, K. (1990): *Informationspolitik. Unternehmenskommunikation als Instrument erfolgreicher Führung.* Gabler, Wiesbaden.

Meffert, H. (1971): *Systemtheorie aus betriebswirtschaftlicher Sicht.* In: Schenk, K.-E. (Hrsg.): Systemanalyse in den Wirtschafts- und Sozialwissenschaften. Berlin, S. 174–206.

Meisert, H. (1997): *Mitarbeiter besser informieren. Theorie und Praxis der Unternehmenspublizistik.* Institut für Medienentwicklung und Kommunikation GmbH, Frankfurt am Main.

Merten, K./Teipen, P. (1991): *Empirische Kommunikationsforschung. Darstellung, Kritik, Evaluation.* Verlag Ölschläger, München.

Meyer, A./Oppermann, K. (1998): *Bedeutung und Gestaltung des Internen Marketing.* In: Meyer, A. (Hrsg.): Handbuch Dienstleistungs-Marketing. Schäffer-Poeschel, Stuttgart, S. 991–1009.

Neuberger, O. (1999): *Mobbing. Übel mitspielen in Organisationen.* Reiner Hampp Verlag, München.

Nickl, M. (1988): *Angewandte Linguistik als kommunikationswissenschaftliche Disziplin.* In: Kühlwein, W. et al. (Hrsg.): Sprache und Individuum. Gunter Narr Verlag, Tübingen, S. 72–73.

Niederhauser, J. (1994): *Personalzeitung und Unternehmenskommunikation. Zur innerbetrieblichen Kommunikation in einem nationalen Bahnunternehmen.* In: Bungarten, Th. (Hrsg.): Kommunikationsprobleme in und von Unternehmen. Attikon-Verlag, Tostedt, S. 120–140.

Niederhauser, J. (1999): *Kaum präsente Linguistik – Zur Behandlung von Sprachfragen und sprachbezogenen Themen in der Öffentlichkeit.* In: Becker-Mrotzek M./Doppler, Ch. (Hrsg.): Medium Sprache im Beruf. Eine Aufgabe für die Linguistik. Gunter Narr Verlag, Tübingen, S. 37–53.

Noack, C. (1991a): *Linguistik und technische Dokumentation.* In: Klein, E. et al. (Hrsg.): Betriebslinguistik und Linguistikbetrieb. Akten des 24. Linguistischen Kolloquiums, Bremen 1989. Max Niemeyer Verlag, Tübingen, S. 43f.

Noack, C. (1991b): *Technischer Redakteur: Ein neuer Beruf stellt sich vor.* In: Linguistische Arbeiten. Akten des 25. Linguistischen Kolloquiums. Bd. 2. Innovation und Anwendung. Max Niemeyer Verlag, Tübingen, S. 369–376.

Nowag, W. (1980): *Die Arbeitsmotivation von Führungskräften in der Wirtschaft. Eine empirische Untersuchung.* Dissertation des betriebswirtschaftlichen Instituts der Universität Stuttgart.

Pawlowsky-Flodell, C. (1993): *Die Mitarbeiterbefragung als Mittel zur Organisationskommunikation.* In: Bentele, G./Rühl, M. (Hrsg.): Theorien öffentlicher Kommunikation. Ölschläger, München.

Picot, A. (1975): *Zur Frage der Ableitung von empirisch überprüfbaren Aussagen aus systemtheoretischen Ansätzen der Organisationsforschung.* In: Jehle, E. (Hrsg.): Systemforschung in der Betriebswirtschaftslehre. Schäffer-Poeschel Verlag, Stuttgart, S. 87–106.

Pitzer, Jürgen (1993): *Mitarbeiterkommunikation – ein wichtiges Betriebsmittel.* In: bank und markt Nr. 8, S. 26–30.

Pogarell, R. (1988a): *Linguistik im Industriebetrieb. Eine annotierte Auswahlbibliographie.* Alano-Verlag, Aachen.

Pogarell, R. (1988b): *Arbeitsplätze für Linguisten in Industriebetrieben?* In: Wirkendes Wort 3 (1988), S. 457–463.

Pogarell, R. (1988c): *Linguistische Fragestellungen in der betrieblichen Praxis.* In: Linguistik Parisette. Akten des 22. Linguistischen Kolloquiums. Max Niemeyer Verlag, Tübingen, S. 319–330.

Pogarell, R. (1989): *Optimierung industrieller Texte als linguistisches Arbeitsfeld.* In: Reiter, N. (Hrsg.). Sprechen und Hören. Akten des 23. Linguistischen Kolloquiums, Berlin 1988. Max Niemeyer Verlag, Tübingen, S. 91–102.

Pogarell, R. (1991a): *Betriebsorientierte Akzentverschiebung in der Linguistenausbildung.* In: Klein, E. et al. (Hrsg.): Betriebslinguistik und Linguistikbetrieb. Akten des 24. Linguistischen Kolloquiums. Max Niemeyer Verlag, Tübingen, S. 21–28.

Pogarell, R. (1991b): *Podiumsdiskussion Wirtschaft und Linguistik im Dialog.* In: Klein, E. et al. (Hrsg.): Betriebslinguistik und Linguistikbetrieb. Akten des 24. Linguistischen Kolloquiums. Max Niemeyer Verlag, Tübingen, S. 37–38.

Regnet, E. (1992): *Konflikte in Organisationen. Formen, Funktion und Bewältigung.* Verlag für Angewandte Psychologie, Göttingen/Stuttgart.

Reimann, H. (1986, Hrsg.): *Kommunikations- und Informationsverhalten in Großorganisationen. Ergebnisse einer Erhebung bei oberen Führungskräften in einem Großbetrieb.* Augsburger Beiträge aus Kommunikationswissenschaft und Soziologie, Augsburg.

Reimann, H. et al. (1987, Hrsg.): *Mitarbeiterbefragungen im Rahmen betrieblicher Personalpolitik.* Augsburger Beiträge aus Kommunikationswissenschaft und Soziologie, Augsburg.

Roinila, P. (1994): *Zur Problematik der interkulturellen Kommunikation am Beispiel von Betriebsbroschüren.* In: Bungarten, Th. (Hrsg.): Selbstdarstellung und Öffentlichkeitsarbeit, Eigenbild und Fremdbild von Unternehmen. Attikon Verlag, Tostedt, S. 91–106.

Sager, S. (1991): *Dialoganalyse – ein Mittel zur Optimierung innerbetrieblicher Kommunikation.* In: Bungarten, Th. (Hrsg.): Konzepte zur Unternehmenskommunikation, Unternehmenskultur und Unternehmensidentität. Attikon-Verlag, Tostedt, S. 130–132.

Sandig, B. (1983): *Analyse von Texten – Eine Bestandsaufnahme aus germanistischer Sicht.* In: Kühlwein, W. (Hrsg.): Texte in Sprachwissenschaft, Sprachunterricht und Sprachtherapie. Gunter Narr Verlag, Tübingen, S. 57–58.

Schick, S. (1995): *Strukturierung und Gestaltung der Mitarbeiterkommunikation als Personalaufgabe.* In: Bruhn, M. (Hrsg.): Internes Marketing. Gabler, Wiesbaden, S. 453–471.

Schulz, R. (1995): *Das Zusammenspiel zwischen dem internen und externen Marketing – am Beispiel von Henkel.* In: Bruhn, M. (Hrsg.): Internes Marketing. Gabler, Wiesbaden, S. 177–198.

Schüpbach, K./Torre, R. (1996): *Mobbing. Verstehen – Überwinden – Vermeiden.* Kaufmännischer Verband Zürich, Zürich.

Schwingel, U. (1991): *Linguistik und Wirtschaft aus Unternehmenssicht.* In: Klein, E. et al. (Hrsg.). Betriebslinguistik und Linguistikbetrieb. Akten des 24. Linguistischen Kolloquiums, Bremen 1989. Max Niemeyer Verlag, Tübingen, S. 45–46.

Scior, W. (1982): *Der Bedingungsrahmen für die unternehmensinterne Öffentlichkeitsarbeit.* In: Haedrich, G. (Hrsg.): Öffentlichkeitsarbeit. Dialog zwischen Institutionen und Gesellschaft. Walter de Gruyter, Berlin/New York, S. 77–93.

Sieffert, P. (1991): *Stellung und Stellenwert des technischen Redakteurs im Unternehmen.* In: Bungarten, Th. (Hrsg.): Konzepte zur Unternehmenskommunikation, Unternehmenskultur und Unternehmensidentität. Attikon Verlag, Tostedt, S. 145–148.

Spillner, B. (1992): *Angewandte Linguistik für Wirtschaft, Handel, Industrie.* In: Spillner, B. (Hrsg.): Wirtschaft und Sprache. Kongressbeiträge zur 22. Jahrestagung der Gesellschaft für Angewandte Linguistik. Forum Angewandte Linguistik, Bd. 23. Peter Lang, Frankfurt am Main, S. 11–14.

Stauss, B. (1991): *Internes Marketing als personalorientierte Qualitätspolitik.* In: Bruhn, M./

Stauss, B. (Hrsg.): Dienstleistungsqualität. Konzepte, Methoden, Erfahrungen. Wiesbaden, S. 227–247.

Steigüber, B. (1991a): *Sprachmanagement.* In: Klein, E. et al. (Hrsg.): Betriebslinguistik und Linguistikbetrieb. Akten des 24. Linguistischen Kolloquiums, Bremen 1989. Max Niemeyer Verlag, Tübingen, S. 29–36.

Steigüber, B. (1991b): *Mit leisen Flüchen. Ihr Sachbearbeiter.* In: Linguistische Arbeiten. Akten des 25. Linguistischen Kolloquiums, Bd. 2. Innovation und Anwendung. Max Niemeyer Verlag, Tübingen, S. 361–368.

Theis, A. M. (1994): *Wieviel Kommunikation kann sich ein Unternehmen leisten, welche Kommunikation muss es sich leisten?* In: Bungarten, T. (Hrsg.): Kommunikationsprobleme in und von Unternehmen. Attikon, Tostedt, S. 140–155.

Thommen, A. (1981): *Innerbetriebliche Information. Kompendium der betrieblichen Kommunikation.* Haupt, Bern u. a.

Tjarks-Sobhani, M. (1991): *Informationstexte in der Industrie. Eine Aufgabe für Linguisten.* In: Klein, E. et al. (Hrsg.): Betriebslinguistik und Linguistikbetrieb. Akten des 24. Linguistischen Kolloquiums, Bremen 1989. Max Niemeyer Verlag, Tübingen, S. 47–50.

Tonnemacher, J. (1998): *Mitarbeiterkommunikation.* In: Merten, K./Zimmermann, R. (Hrsg.): Handbuch der Unternehmenskommunikation. Luchterhand, Neuwied u. a., S. 99–105.

Tonnemacher, J./Neuberger, Ch. (1998): *Audimobil – Fortschritt durch Information. Eine Untersuchung zu Inhalt, Nutzung und Beurteilung der Mitarbeiterzeitschrift der Audi AG.* In: Merten, K./Zimmermann, R. (Hrsg.): Handbuch der Unternehmenskommunikation. Luchterhand, Neuwied u. a., S. 336–345.

Uhl, O.W. (1995): *Prozesse und Maßnahmen des Übergangs vom internen zum externen Marketing – ein Fallbeispiel der 3M Deutschland.* In: Bruhn, M. (Hrsg.): Internes Marketing. Gabler, Wiesbaden, S. 199–220.

Ulsamer, L. (1991): *Sprachlos? Information im Unternehmen.* In: Information Nr. 89, S. 35–45.

Van Deth, J.-P. (1992): *Sprachausbildung und Personalverwaltung.* In: Spillner, B. (Hrsg.): Wirtschaft und Sprache. Kongressbeiträge zur 22. Jahrestagung der Gesellschaft für Angewandte Linguistik. Forum Angewandte Linguistik, Bd. 23. Peter Lang, Frankfurt am Main, S. 15–24.

Wahren, H.-K. (1987): *Zwischenmenschliche Kommunikation in Unternehmen. Grundlagen, Probleme und Ansätze zur Lösung.* Walter de Gruyter, Berlin u. a.

Wever, U. (1994): *Unternehmenskommunikation in der Praxis.* In: Bartsch, E. (Hrsg.): Sprechen, Führen, Kooperieren in Betrieb und Verwaltung. Reinhardt, München u. a., S. 47–59.

Wolf, G. (1992): *Kommunikation im Unternehmen. Gesprächstyp Audit.* In: Spillner, B. (Hrsg.): Wirtschaft und Sprache. Kongressbeiträge zur 22. Jahrestagung der Gesellschaft für Angewandte Linguistik. Forum Angewandte Linguistik, Bd. 23. Peter Lang, Frankfurt am Main, S. 45–50.

Wollert, A. (1995): *Unternehmenskommunikation in Krisenzeiten – der Beitrag des Internen Marketing für Veränderungsprozesse – am Fallbeispiel von Hertie.* In: Bruhn, M. (Hrsg.): Internes Marketing. Gabler, Wiesbaden, S. 527–544.

Woudstra, E./Gemert, L. v. (1991): *Inhalt eines internen Kommunikationsgesamtplanes.* In: Bungarten, Th. (Hrsg.): Konzepte zur Unternehmenskommunikation, Unternehmenskultur und Unternehmensidentität. Attikon-Verlag, Tostedt, S. 174–178.

IV.2 Zeitungs- und Zeitschriftenartikel

Cash (23/1999:7): Abstiegsrunde bei der UBS. Beim UBS-Personal sorgen die Mitarbeiterverträge für neuen Ärger.

Cash (24/1999:1ff.): Mobbing kostet uns jährlich 4 Milliarden. Fusionen und Umstrukturierungen verschlechtern das Betriebsklima und senken die Arbeitsmoral.

Cash (24/1999:1ff.): Stressquelle Nummer 1: Der Arbeitsplatz. Die permanenten Restrukturierungen stressen die Arbeitnehmer in einem nie gekannten Ausmaß.

Facts (37/1997:76ff.): Es gibt nur einen Weg: gnadenlose Offenheit. Der deutsche Unternehmensberater Roland Berger kommt in die Schweiz.

Facts (15/1998:74ff.): Zur Strecke gebracht. In den Management-Etagen der Konzerne verbreiten sich Neid und Angst.

Facts (22/1998:74ff.): Glückliche Zwangsehe. Die Zusammenführung von CS und Winterthur kommt wider Erwarten gut voran – dank dem Generationenwechsel an der Konzernspitze.

HandelsZeitung (26/1998:5): Das blüht den Bankgesellen. Fusionen – Ende Juni erfolgt der offizielle Schulterschluss von UBS und Bankverein.

HandelsZeitung (38/1998:7): Big Bang fürs Personal. UBS – Die Fusion hat die Mitarbeiter stark belastet.

Harvard Manager (4/1990:86ff.): Zwischen Fakt und Fiktion – der schwierige Beruf Manager.

Marketing & Kommunikation (9/1997:40f.): Unternehmensmedien im Aufwind. Corporate Publishing hat in den letzten Jahren auch in der Schweiz einen größeren Stellenwert erhalten.

Marketing & Kommunikation (10/1997:43f.): Swisscoms interner Change. Telecom PTT haben die Wichtigkeit erkannt, sich im Zeichen des Wandels zur Swisscom auch um die Ängste und Sorgen der eigenen Leute zu kümmern.

Marketing & Kommunikation (5/1999:20f.): Stiefkind der Kommunikation. Interne Kommunikation wird von Kommunikationsverantwortlichen positiv beurteilt, steckt aber in der praktischen Umsetzung größtenteils noch in den Kinderschuhen.

Neue Zürcher Zeitung (29.5.90:83): Führung im mittleren Unternehmen. Betonung von Gespräch und Information.

Neue Zürcher Zeitung (28.5.91:77): Führung bedeutet umfassendes Kommunikationsmanagement.

Neue Zürcher Zeitung (3.12.91:36): Besonderheiten der Kommunikation in Krisensituationen.

Neue Zürcher Zeitung (3.12.91:29f.): Die Angst des Managers vor dem Dialog. Innerbetriebliche Kommunikation als strategischer Erfolgsfaktor.

Neue Zürcher Zeitung (17.6.92:37f.): Sprachwissenschaft und Wirtschaft. Verständigungsprobleme zwischen den Kulturen.

SonntagsZeitung (23.11.97:84): Die totale Offenheit auf vier Kanälen. Alcatel-Schweiz-Bereichsleiter Jens Alder setzt auf umfassende Information, flache Strukturen und wenig Chefs.

SonntagsZeitung (4.10.98:97): Damit kommt die Wahrheit auf den Tisch. Tom Voltz über die Vorteile der Vorgesetztenbeurteilung.

SonntagsZeitung (24.1.99:71): Die Stimmung bei der Swisscom ist gedrückt. Die Beschäftigten stellen den Kadern in einer internen Umfrage ein schlechtes Zeugnis aus.

SonntagsZeitung (25.7.99:53ff.): Jetzt wollen alle eine Tschanz. Seit dem Swissair-Unglück von Halifax sind Frauen in der PR-Branche begehrt wie noch nie.

SonntagsZeitung (19.9.99:81): Reden ist Gold. Da hilft kein hoch bezahlter Profi: Wenn der Chef nicht gut kommuniziert, hat seine Firma ein Problem.

SonntagsZeitung (19.9.99:83): Für hängende Seelen wird gesorgt. Der Chemiemulti Novartis betritt Neuland: Ein Pfarrer kümmert sich um die Probleme der Mitarbeiter.

SonntagsZeitung (5.12.99:79): Die Wut auf die Patrons steigt. Novartis, Swiss Dairy Food, Adtranz, Bally: Der Abbau an Arbeitsplätzen erschüttert das Vertrauen in die Wirtschaft.

SonntagsZeitung (19.12.99:77): Verlorene Substanz. Swisscom-Chef Tony Reis hat für den Rücktritt den richtigen Zeitpunkt erwischt.

Süddeutsche Zeitung (24.8.91:65f.): Von Graf Bobby und Aristoteles lernen. Paul Watzlawicks Empfehlung bei Kommunikationsproblemen im Unternehmen.

Werbewoche (20/1998:16ff.): Medienkonferenz für die Mitarbeiter. Die SAirGroup will mit Corporate TV ihre Mitarbeiter als Publikum ernst nehmen.

IV.3 Nachschlagewerke und Lehrbücher

Abraham, W. (1988): *Terminologie zur neueren Linguistik.* 2., v. n. bearb. u. erw. Aufl. Max Niemeyer Verlag, Tübingen.

Althaus, H.P. et al. (1980, Hrsg.): *LGL. Lexikon der Germanistischen Linguistik.* Max Niemeyer Verlag, Tübingen.

Ammon, U. et al. (1987, Hrsg.): *Soziolinguistik. Ein internationales Handbuch zur Wissenschaft von Sprache und Gesellschaft.* Erster Halbband. Walter de Gruyter, Berlin.

Atteslander, P. (1995): *Methoden der empirischen Sozialforschung.* 8., bearb. Aufl. Walter de Gruyter, Berlin.

Beckerath, P. et al. (1981): *Handwörterbuch der Betriebspsychologie und Betriebssoziologie.* Ferdinand Enke Verlag, Stuttgart.

Borowsky, R./Moosmann, R. (1990): *Kleiner Merkur, Bd. 2 (Betriebswirtschaft).* Schulthess Polygraphischer Verlag, Zürich.

Bortz, J. (1984): *Lehrbuch der empirischen Forschung für Sozialwissenschaftler.* Springer Verlag, Berlin u. a.

Brinker, K. (1997): *Linguistische Textanalyse:* eine Einführung in Grundbegriffe und Methoden. 4., durchges. u. erg. Aufl. Erich Schmidt, Berlin.

Bussmann, H. (1983): *Lexikon der Sprachwissenschaft.* 2., v. n. bearb. Aufl. Kröner Verlag, Stuttgart.

Dichtl, E./Issig, O. (1987, Hrsg.): *Vahlens Großes Wirtschaftslexikon* Bd. 1 und 2. Verlag Beck/Vahlen, München.

Diederich, H. (1992): *Allgemeine Betriebswirtschaftslehre.* 7., überarb. Aufl. Kohlhammer, Stuttgart u. a.

Frese, E. (1992): *Handwörterbuch der Organisation.* 3., v. n. gest. Aufl. Schäffer-Poeschel, Stuttgart.

Gabler Wirtschafts-Lexikon (1988): 12., vollst. n. bearb. u. erw. Aufl. Bd. 1 und 2. Gabler, Wiesbaden.

Glück, H. (1993, Hrsg.): *Metzler Lexikon Sprache.* Verlag J. B. Metzler, Stuttgart u. a.

Greyerz, O. v./Bietenhard, R. (1981): *Berndeutsches Wörterbuch.* 2., überarb. u. erw. Aufl. Francke Verlag, Bern.

Korndörfer, W. (1995): *Unternehmensführungslehre. Einführung, Entscheidungslogik, soziale Komponenten.* 8., überarb. Aufl. Gabler, Wiesbaden.

Krieger, D. J. (1996): *Einführung in die allgemeine Systemtheorie.* Wilhelm Fink Verlag, München.

Kromrey, H. (1998): *Empirische Sozialforschung. Modelle und Methoden der Datenerhebung und Datenauswertung.* 8. überarb. u. erw. Aufl. Leske Verlag, Opladen.

Lewandowski, Th. (1994): *Linguistisches Wörterbuch.* 6. Aufl. Quelle und Meyer Verlag, Heidelberg u. a.

Noelle-Neumann, E. (1993, Hrsg.): *Publizistik. Massenkommunikation.* Fischer Taschenbuch Verlag GmbH, Frankfurt am Main.

Pflaum, D./Pieper, W. (Hrsg.) (1993): *Lexikon der Public Relations.* Verlag Moderne Industrie, Landsberg/Lech.

Potzer, K./Normann, R. v. (1985): *Das treffende Zitat. Gedankengut aus drei Jahrtausenden und fünf Kontinenten.* Ott Verlag, Thun.

Rühli, E. (1996): *Unternehmungsführung und Unternehmungspolitik.* Paul Haupt Verlag, Bern u. a.

Schlobinski, P. (1996): *Empirische Sprachwissenschaft.* Westdeutscher Verlag GmbH, Opladen.

Schnell, R. et al. (1995): *Methoden der empirischen Sozialforschung.* 5., v. überarb. u. erw. Aufl. Oldenbourg, München.

Stalder, F. J. (1994): *Schweizerisches Idiotikon,* Sauerländer, Aarau u. a.

Strauss, A. L. (1994): *Grundlagen qualitativer Sozialforschung.* Wilhelm Fink Verlag GmbH & Co, München.

Tietz, B. et al. (1995): *Handwörterbuch des Marketing.* 2., vollst. überarb. Aufl. Schäffer-Poeschel, Stuttgart.

Wittman, W. et al. (1993, Hrsg.): *Handwörterbuch der Betriebswirtschaft.* 5. Aufl., Bd. 2 und 3. Schäffer-Poeschel Verlag, Stuttgart.